华 章 经 典 · 管 理

科学管理原理

THE PRINCIPLES OF
SCIENTIFIC
MANAGEMENT

[美] 弗雷德里克·泰勒 著 马风才 译
Frederick Winslow Taylor

机械工业出版社
CHINA MACHINE PRESS

Frederick Winslow Taylor. The Principles of Scientific Management.

本书中文简体字版由机械工业出版社出版发行。未经出版者书面许可，不得以任何方式抄袭、复制或节录本书中的任何部分。

图书在版编目（CIP）数据

科学管理原理：典藏版 /（美）弗雷德里克·泰勒（Frederick Winslow Taylor）著；马风才译 . —北京：机械工业出版社，2023.12

书名原文：The Principles of Scientific Management

ISBN 978-7-111-74697-3

Ⅰ.①科… Ⅱ.①弗…②马… Ⅲ.①科学管理 Ⅳ.①C931

中国国家版本馆 CIP 数据核字（2024）第 001812 号

机械工业出版社（北京市百万庄大街 22 号　邮政编码 100037）

策划编辑：华　蕾　　　　　　　责任编辑：华　蕾　林晨星

责任校对：贾海霞　陈立辉　　　责任印制：郜　敏

三河市宏达印刷有限公司印刷

2024 年 5 月第 1 版第 1 次印刷

170mm×240mm·10.25 印张·1 插页·79 千字

标准书号：ISBN 978-7-111-74697-3

定价：59.00 元

电话服务　　　　　　　　　　网络服务

客服电话：010-88361066　　　机　工　官　网：www.cmpbook.com

　　　　　010-88379833　　　机　工　官　博：weibo.com/cmp1952

　　　　　010-68326294　　　金　书　网：www.golden-book.com

封底无防伪标均为盗版　　　机工教育服务网：www.cmpedu.com

任何一门学问，如果割断了与自身历史的联系，就只能成为一个临时的避难所，而不再是一座宏伟的城堡。在这套管理经典里，我们可以追本溯源，欣赏到对现代管理有着基础支撑作用的管理思想、智慧和理论。大师的伟大、经典的重要均无须介绍，而我们面对的经典内容如此丰富多彩，再美的语言也难以精确刻画，只有靠读者自己去学习、去感悟、去思考、去探寻其中的真谛和智慧。

西交利物浦大学执行校长◎席酉民

当企业在强调细节管理、有效执行的时候，实际上也是在强调对工作的分析和研究。当我们在强调劳资合作的时候，也就是在强调用科学的方法研究工作，将蛋糕做大，从而使双方都能获益。最原始的思想往往也是最充满智慧的、纯粹的、核心的思想。

南京大学人文社会科学资深教授、商学院名誉院长、

行知书院院长◎赵曙明

现代管理学的形成和发展源于相关人文社会科学学者对组织、组织中的人和组织管理实践的研究。如果我们能够转过身去，打开书柜，重新看看这些著名学者的经典作品，就会发现摆在我们面前的多数当代管理图书好像遗失了点什么——对管理本质和实践的理解，就会感叹它们的作者好像缺少了点什么——扎实的理论功底和丰富的实践经验。

华南理工大学工商管理学院前院长◎蓝海林

把管理作为一门可以实验的科学，是具有开拓性的思考者和实践者留下的宝贵精神财富。伴随着科技进步和生产工具手段的变化，追求管理科学性的努力生生不息，成为人类文明的一道亮丽风景线。

复旦大学企业研究所所长◎张晖明

管理百年，经典有限，思想无疆，指引永远。经典，是经过历史检验的学术精华，是人类精神理性的科学凝练，是大师级学者回应重大现实问题的智慧结晶。希望青年学子能够积淀历史，直面现实读经典；希望年轻学者戒骄戒躁，像大师一样做真学问，代代传承出经典。

北京师范大学人本发展与管理研究中心主任◎李宝元

该丛书是管理学科的经典著作，可为读者提供系统的管理基础理论和方法。

武汉理工大学管理学院教授◎云俊

自 1911 年弗雷德里克·泰勒的《科学管理原理》出版至今，漫长的管理历程中不断涌现灿若星河的经典之作。它们在管理的天空中辉映着耀眼的光芒，如北极星般指引着管理者们不断前行。这些图书之所以被称为管理经典，是因为在约百年的管理实践中，不管外界环境如何变迁，科学技术生产力如何发展，它们提出的管理问题依然存在，它们总结的管理经验依然有益，它们研究的管理逻辑依然普遍，它们创造的管理方法依然有效。

中国的管理学习者对于管理经典可以说是耳熟能详，但鉴于出版时间久远、零乱和翻译的局限，很多时候只能望书名而兴叹。"华章经典·管理"丛书的推出，不仅进行了系列的出版安排，而且全部重新翻译，并统一装帧设计，望能为管理学界提供一套便于学习的精良读本。

中国的管理实践者身处的内外环境是变化的，面对的技术工具是先进的，接触的理论方法是多样的，面临的企业增长是快速的，他们几乎没有试错的时间。那么他们要如何提升自己的管理水平，才能使自己在竞争中立于不败之地？最好的方法就是找到基本的管理理论。管理经典就如一盏盏明灯，既是最基本的管理，又是更高明的管理。因此，对管理实践者来说，阅读这套丛书将受益良多。

"华章经典·管理"丛书追求与时俱进。一方面，从古典管理理论起，至当代管理思想止，我们选取对中国的管理实践者和学习者仍然有益的著作，进行原汁原味的翻译，并请专业译者加强对管理术语的关注，确保译文的流畅性和专业性。另一方面，结合中国的管理现状，我们邀请来自企业界、教育界、传媒界的专家对这些著作进行最新的解读。

这些工作远非机械工业出版社凭一己之力可以完成，得到了各界专家的支持与帮助，在此一并感谢：

包　政	陈佳贵	陈春花	黄群慧	蓝海林	李宝元
李新春	马风才	彭志强	施　炜	王方华	王以华
王永贵	魏　江	吴伯凡	吴晓波	席酉民	肖知兴
邢以群	颜杰华	杨　斌	云　俊	张晖明	张瑞敏
赵曙明

"华章经典·管理"丛书秉承"为中国读者提供世界管理经典的阅读价值，以知识促进中国企业的成长"这一理念，精心编辑，诚意打造。仅盼这套丛书能借大师经典之作，为更多管理实践者和学习者创造出更为有效的价值。

华章经典·管理

目　录

第 1 章　科学管理的基础·1

财富最大化只能是劳动生产率最大化的结果。工人和管理者双方最重要的目标是培训和发掘企业中每个人的技能，以便每个人都能尽其天赋之所能，以最快的速度，用最高的劳动生产率从事适合他的等级最高的工作。

第 2 章　科学管理的原理·23

科学管理原理有四个基本组成要素：第一，形成一门真正的科学；第二，科学地选择工人；第三，对工人进行教育和培养；第四，管理者与工人之间亲密友好地合作。正是科学、协调、合作、最大化的产出、实现每个人的劳动生产率最大化和财富最大化等各个要素的集成，构成了科学管理。

学习管理　感悟管理　演练管理　享受管理

如今，市场上经管类图书可以说是琳琅满目、鱼龙混杂，时髦的名词和概念一浪接一浪滚滚而来，不断从一个新理念转到另一个新理念，传播给大众的管理概念和口号不断翻新，读者的阅读成本和选择成本不断上升。在这个浮躁的社会时期，出版商有时提供给读者的不再是精神食粮，而是噪声和思维杂质，常常使希望阅读、学习和提升的管理者无所适从，找不到精神归依。任何一门学问，如果割断了与自身历史的联系，就只能成为一个临时的避难所，而不再是一座宏伟的城堡。

针对这种情况，机械工业出版社号召大家回归经典，阅读经典，并以身作则，出版了这套"华章经典"，分设3个子系——管理、金融投资和经济。

"华章经典·管理"系列第一批将推出泰勒、法约尔和福列特的作品，后续将穿越现代管理丛林，收录巴纳德、马斯洛、西蒙、马奇、安索夫等各种流派的管理大师的作品。同时，将收录少量对管理实践有过重要推动作用的实用管理方法。

作为管理研究战线的一员，我为此而感到高兴，也为受邀给该系列作序而感到荣幸！随着经济全球化和知识经济的到来，知识的更新速度迅速提升，特别地，管理知识更是日新月异，丰富多彩。我们知道，大部分自然科学的原理不会随时间变化而失效，但管理的许多知识与环境和管理情境有关，可能会随着时间和管理情境的变迁而失去价值。于是，人们不禁要问：管理经典系列的出版是否还有现实意义？坦率地讲，许多贴有流行标签的管理理论或方法，可能因时间和环境的变化而失去现实价值，但类似于自然科学和经济学，管理的知识也有其基本原理和经典理论，这些东西并不会随时间的流逝而失效。另外，正是由于管理有许多与情境和人有关的理论、感悟、智慧的结晶、哲学的思考，一些管理知识反倒会随着历史的积淀和经历的丰富而不断发展与深化，绽放出更富历史感、更富真知的光彩。换句话说，不少创造经典的大师可能已经走了，但其思想和智慧还活着！不少浮华的流行概念和观点已经死了，但其背后的经典还闪闪发光！在这套管理经典里，我们可以追本溯源，欣赏到对现代管理有着基础支撑作用的管理思想、智慧和理论。

观察丰富多彩的管理实践，不难发现：有的企业家、管理者忙得焦头烂额，被事务困扰得痛苦不堪，结果事业做得还不好；有的企业家、管理者却显得轻松自如、潇洒飘逸、举重若轻，但事业红红火火、蒸蒸日上。是什么使他们的行为大相径庭，结果有天壤之别？一般的回答是能力差异。我不否认人和人之间的能力有差别，但更想强调能力背后的心态、思维方式和理念，即怎样看待管理，怎样面对问题，怎样定位人生。管理因与人有关，始终处于一种动态的竞争和博弈的环境下，因而永远都是复杂的、富于挑战的活动。要做好管理，成为优秀的企业家和管理者，除了要具备我们经常挂在嘴边的许多素质和技能，我认为最重要的是要具备管理的热情，即首先要热爱管理，将管理视为自己生存和生活不可分割的一部分，愿意体验管理和享受管理。此外，管理永远与问题和挑战相伴。我经常讲，没有一个企业或单位没有问题，管理问题就像海边的礁石，企业运行状况良好时，问题被掩盖了；企业运行状况恶化时，所有的问题就会暴露出来。实际上，涨潮时最容易解决问题，但此时也最容易忽视问题，退潮时问题都出来了，解决问题的最好时机也过去了。面对管理问题，高手似乎总能抓住少数几个关键问题，显得举重若轻，大量小问题也会随着大问题的解决而消失。而菜鸟经常认认真真地面对所有问题，深陷问题网之中，结果耽误了大事。人生的价值在于不断战胜自我，征服一个个管理难题，这实际上不仅是人生的体验，更是对自己能力的检验。若能这样看问题，迎接管理挑战就不再是一种痛苦，而会成为一种愉悦的人生享受。由此，从管理现实中我们能体会到，真正驾驭管理需要对管理知识、艺术、经验和智慧的综合运用。

高水平的管理有点像表演杂技，杂技演员高难度的技艺在常人看来很神奇，但这些令人眼花缭乱的表演实际上是建立在科学规律和演员根据自身特点及能力对其创造性运用之上的。管理的神奇也主要体现在管理者根据自身特点、能力以及组织和环境的情况，对基本管理原理的创造性应用之上。

因为"管理是管理者的生活"，我经常劝告管理者要"享受管理"，而要想真正做到这一点，除了拥有正确的态度和高尚的境界外，管理者还需要领悟管理的真谛；而要真正领悟管理的真谛，管理者就需要学习掌握管理的基本知识和基本技能。当然，管理知识的来源有直接和间接之分，直接知识是通过自己亲身体验领悟而来，这样过程太长；间接知识是通过学习或培训取得，这样过程较短，成效较快——两者相辅相成。

管理知识浩如烟海，管理技术和技能多如牛毛，而且随着时代、环境以及文化的变化而变化，同一种知识和技能的应用还有很强的环境依赖性，这就使管理的学习变得很难把握。许多人不知道看什么样的书，有的人看完书或听完课后的体会是当时明白了，也听懂了，但仍不知道怎样管理！实际上，管理的学习同经济学、自然科学等一样，首先在于掌握基本的思想和方法论。管理面对的是实际的企业、组织和人，一般规律对他们有用，但他们往往也有独特性，这使管理具有科学、艺术、实务、思想等多种属性，所以不能僵化地看待管理知识，在理解和运用管理知识时一定要注意其使用对象的特殊性。其次，管理者手中能够应用的武器有两种：科学的、带有普遍性的技术、方法，以及与人有关的、随情况变化的、涉及心理和行为的具有艺术特色的知识和经验。前者容易通过书本学习，后者则要通过实践或案例教学学习和体会。再次，管理重在明确目标以及其后围绕目标选择最佳或最满意的路径，而完成这一任务除了要拥有高瞻远瞩、运筹帷幄的能力以及丰富的知识和经验外，最基本的是要学会和善用成本效益分析工具。最后，所谓"三人行必有我师"，无论成功与失败，任何管理实践中都蕴含着知识和经验，所以，对管理来说，处处留心皆学问。若管理者要增加自己的管理知识并丰富自己的管理经验，就要善于观察组织及人的行为和实践活动，勤于思考和提炼，日积月累。

有人形象地比喻，管理类似于下棋，基本的管理知识类似于对弈的基本规则，各种管理技能和成功的管理实践类似于人们总结出的各种棋谱，实际的管理则由这些基本规则、各种棋谱演变出更加丰富多彩、变幻莫测的局势。水平接近者的比赛，赛前谁都难以确定局势的变化和输赢的结果。类似地，管理的学习始于基本知识和基本技能，而要演化出神奇的管理实践需在此基础上去感悟、去享受！

实际上，管理活动本身犹如一匹烈马或一架难以控制的飞机，要想驰向发展的愿景或飞向辉煌的未来，不仅要享受奔驰中飘逸的快感或飞翔时鸟瞰世界的心旷神怡，还要享受成功后的收获，因此，必须设法"驾驭"好管理。

我陪人练习驾车时曾深有体会地告诉驾驶者：开车的最高境界是用心，而不是用身体，要把车当作你身体功能的一种延伸，使车与你融为一体，然后在你心神的指挥下，心到车到。"管理"这匹烈马或这架复杂难控的飞机何尝不是如此，它也是人类、领导者、管理者的功能的一种延伸、一种放大器，而要真正享受它带来的感受并使它发挥功效，必须娴熟且到位地驾驭它。面对种种复杂的管理，更需要用心驾驭。

在这里，我没有对经典系列本身给予太多介绍，只重点谈了如何学习管理，提升管理水平，最后达到享受管理。这是因为，大师的伟大、经典的重要均无须介绍，而我们面对的经典内容如此丰富多彩，再美的语言也难以精确刻画，只有靠读者自己去学习、去感悟、去思考、去探寻其中的真谛和智慧，我只是提供了我自认为可以研究和实践管理的途径，希望这些文字有助于读者对管理的阅读、理解和思考！

席酉民

西交利物浦大学执行校长

推荐序

再读《科学管理原理》，感触很深。

泰勒是怎样的一个人呢？

他是一个在去世后被尊称为"科学管理之父"的人，一个影响了流水线生产方式的人，一个影响了人类工业化进程的人。

他是一个由于视力不佳被迫辍学的人，一个被工人称为野兽般残忍的人，一个与工会水火不容、被迫在国会听证会上作证的人，一个被现代管理学者不断批判的人。

泰勒，是管理发展史中最重要同时也是最富有争议的人。

泰勒的科学管理思想形成于19世纪末20世纪初，其根本内容关乎提高企业生产效率。当时，美国资本主义经济发展得很快，企业规模迅速扩大，但由于生产混乱、劳资关系紧张，工人"磨洋工"的现象大量存在，这导致企业生产效率低下。泰勒认为，企业生产效率低下的主要原因是管理部门未制定合理的工作定额，工人缺乏科学指导，因此，必须把科学知识和科学研究系统地运用于管理实践，科学地挑选和培训工人，科学地研究工人的生产过程和工作环境，并据此制定出严格的规章制度和合理的日工作量，采用差别计件工资调动工人的积极性，实行管理的例外原则。1898～1901 年，泰勒在伯利恒钢铁公司对他的理论进行试验，并且大获成功。这引起了无数渴求科学知识的其他企业的关注，很多机构和企业邀请他前去讲学和指导，其中包括大名鼎鼎的美国陆军军械部、布鲁克林海军造船厂等。在这些组织中，泰勒的科学管理理论同样取得了成功，这导致泰勒的后半生几乎就是以专门宣传科学管理为职业，也导致世界上第一个职业管理咨询师的诞生。在泰勒及其大批杰出的追随者（如甘特、吉尔布雷斯等）的推广下，科学管理运动兴盛一时。科学管理以提高企业生产效率为宗旨，以泰勒为代表的工程师因此被称为效率工程师。由于科学管理运动，1906 年泰勒担任了声誉很高的美国机械工程师协会主席。从 1909 年起，泰勒每年冬天都会被邀请到哈佛大学讲课。可以说，20 世纪初期美国的大规模生产运动就是以泰勒的科学管理思想为指导的，福特的流水线生产方式变革就是其中的典型。在当时的"东方"，新生的社会主义国家苏联迫切地希望提高生产效率，也引入了"泰勒制"。

至今，泰勒提出的科学管理理论依然被认为是现代管理科学发展的起点。正如著名管理学家厄威克所说：目前所谓的现代管理方法，如果说不是绝大多数，至少也有许多可以追溯到泰勒及其追随者半个世纪以前提出的思想。德鲁克也在其经典著作《管理的实践》

中说，泰勒是人类历史上第一个对工作进行研究的人。在这之前，人们只有关于人的知识、关于工具的知识，但是对工作本身毫无了解。正是泰勒对工作的科学研究，使得工人的生产效率能够成倍提高，才导致了现代管理学的产生。

与大多数伟大的管理思想一样，泰勒的科学管理思想在获得荣誉的同时，引起了世人极大的误解。早在1911年，工会就有组织地针对"泰勒制"发动全面的斗争。工会认为，"泰勒制"是现代的奴隶制度，是资本家用来剥削工人的新方法，影响了工人的健康和工资，提高了工人的工作强度。由于工会的罢工，美国国会众议院组成了特别调查委员会进行调查，泰勒被迫在4天的时间内出庭作证12个小时，工人的证词中充满了对泰勒的尖锐提问和敌视。在学术界，"泰勒制"也一直被作为人际关系学派的反面典型而被批判。人们批判泰勒有关经济人的假设，批判泰勒制造了工人和管理层的对立，批判"泰勒制"造成计划和执行职能的分离，却少有人认识到他的贡献和价值。然而，我们都是站在伟人的肩膀上成长的。泰勒的科学管理思想不仅在当时的历史条件下具有伟大的进步意义，在如今也闪烁着思想的光芒，只不过我们很多人并没有真正了解他的思想。

一个伟大的理论只有简化才能够被大众接受，但简化会造成大众对理论的误解。如今，人们认识到的科学管理只是工作时间研究、差别计件工资制、职能工长制等工具和方法，具体包括①通过"动作研究"，制定"合理的日工作量"，这就是所谓的工作定额原理；②挑选和培训一流的工人；③使工人的操作、工具、环境等标准化，即标准化原理；④实行计件工资制；⑤把计划职能和执行职能分开，前者由管理部门来承担；⑥实行职能工长制；⑦管理人员只保留对例外事项的决策权和监督权，这就是所谓的例外原则。科学管理确实是由这些工具和方法构成的，但也不仅仅是这些，那么，科学管理究竟是什么呢？泰勒说："科学管理是过去就存在的各种要素的'集成'，即把原来的知识收集起来，加以分析、组合并归类成规律和规则，从而形成一门科学。通过实行科学管理，工人和管理者之间和睦相处，在对待各自职责方面，精神面貌上有了彻底改变，两者之间的职责有了新的分工，其亲密无间、友善协作的程度，在过去的管理制度下是不可能达到的。"

泰勒在国会听证会上作证时的讲话进一步阐明了什么是科学管理。

"科学管理不是一种有效率的方法，不是一种获得效率的方法，也不是一串或一批有效率的方法；科学管理不是一种计算成本的新制度，不是一种支付工人工资的新办法，不是一种计件工作制，不是一种奖金制度，不是一种付酬制度，也根本不是一种支配工人的计划；科学管理不是拿着秒表观察一个人的工作并记下他的情况，不是工时研究，不是动作研究或对工人动作的分析；科学管理不是印制一大批表格并将表格发给一些人，然后说'这就是你们的制度，照着办吧'；科学管理不是分工工长制或职能工长制，不是在谈到科学管理时一般人所想到的任何方法。一般人在听到'科学管理'

这个词时就会想到一种或几种上面所谈到的方法，但是科学管理不是其中的任何一种方法……科学管理在实质上包含着要求在任何一个具体机构或行业中工作的工人进行一场全面心理革命——要求他们在涉及工作、同伴和雇主的义务上进行一场全面的心理革命。此外，科学管理要求管理部门的人、工厂、监工、企业所有者、董事会，同样进行一场全面的心理革命，要求他们在涉及管理部门的同事、工人和所有日常问题的责任上进行一场全面的心理革命。没有双方的这种全面的心理革命，科学管理就不可能存在。"[⊖]

在过去，有效完成工作的知识只是以师傅传给徒弟的形式存在，没有人对如何更有效地完成工作进行分析，也就是说，没有人真正对工人的生产效率负责，没有真正意义上的管理者。正是科学管理把工作分析与工作执行分离，才实现了以科学的知识代替过去的经验，以工人和管理者之间的利益协调代替分歧，以最大的产出代替有限制的产出，才能够产生现代意义上的管理。从这个意义上来讲，管理职能、管理阶层的产生就是从泰勒的科学管理开始的。科学管理的伟大意义亦如此。

在今天，当再读泰勒的这本著作时，一方面，要认真阅读原著，把握原著的思想，不要囫囵吞枣、人云亦云；另一方面，要认识到，历史往往会不断重复过去。在如今的中国，科学管理的思想同样具有很高的实践价值。当企业在强调细节管理、有效执行的时

⊖ 转引：雷恩.管理思想的演变 [M].赵睿，肖聿，戴晹，等译.北京：中国社会科学出版社，2000：169.

候，实际上就是在强调对工作的分析和研究。当企业在强调劳资合作的时候，实际上就是在强调用科学的方法研究工作，将蛋糕做大，从而使双方都能够获益。最原始的思想往往也是最充满智慧的、纯粹的、核心的思想。

希望你我都能够通过这本《科学管理原理》有所收获。

赵曙明

南京大学人文社会科学资深教授、商学院名誉院长、行知书院院长西奥多·罗斯福总统在白宫向各州州长讲话时曾预示："保护我们国家的资源，只是提高全国性效率这一重大问题的前奏。"

整个美国很快认识到保护物质资源的重要意义，并开展了有效实现这一目标的大规模运动。但直到现在，美国人对"提高全国性效率这一重大问题"重要性的认识，依然模糊不清。

我们可以看到，我们的森林在消失，我们的水力资源被浪费，我们的土壤在被洪水冲刷到大海里，我们的煤和铁在日渐枯竭。而由于我们的重大失误、指挥不当或工作效率低下造成的日复一日的人力资源方面的更大浪费，不也是罗斯福总统所指的"全国性效率"不足吗？但是，人们对这方面的浪费视而不见，或即使看见了也不明其意。

人们能够看到或感觉到物质资源的浪费，可是，人们对业务不熟、工作效率低下或指挥不当却视而不见或看不真切。要认识到这些，就要肯动脑筋并发挥想象力。每天，人力资源方面的损失要比物质资源方面的浪费多得多。也正是认识上的问题，导致人们对后者感慨万千，对前者却无动于衷。

是的，人们还不曾对"提高全国性效率"进行宣传鼓动，也不曾召集会议探讨如何实施。不过，有迹象表明人们普遍意识到了提高效率的必要性。

气氛从来没有像现在这样活跃。从大公司的总裁到家庭主妇，人们无一例外地渴望找到更优秀、更有才干的人选。有才干的人供不应求，这种情况在以往任何时候都不曾有过。

我们都在寻找别人培养起来的、现成的、有才干的人，但我们的天职和良机是系统地联合培养并造就这样有才干的人，而不是猎取别人培养的人。只有充分认识到这一点，我们才算走上了"提高全国性效率"的正确道路。

过去流行的观点可用这样的俗语表达："工业界的领袖是天生的，不是后天成就的。"道理曾是这样，如果能够物色到合适的人，就尽可以放心地让他去想办法。将来，人们会认识到我们的领袖人物必须是通过培训而成就的——正如天生胜任一样。别指望哪位伟大的人物（过去人事管理制度下的）能够与一些普通人形成的有效合作的集体一决高低。

过去，人是第一位的，未来，制度是第一位的。但这并不意味着不再需要伟大的人物了，正好相反，任何先进制度的首要目标都是造就一流的人才，而且，在系统管理之下，最出色的人将比以往更有把握、更快地被提拔到领导岗位上来。

撰写本书有以下目的。

第一，通过一系列简明的例证，指出由于我们几乎所有日常行为的效率低下而使全美国遭受巨大损失。

第二，试图说明根治效率低下的良药在于系统化的管理，而不在于网罗某些独特的或不同寻常的人物。

第三，证明最先进的管理是真正的科学，说明其理论基础是明确定义的规律、准则和原则，并进一步表明可把科学管理原理应用于几乎所有的人类活动中去。从最简单的个人行为到我们那些需要紧密合作的大型公司的活动，都可以找到其应用。简而言之，通过一系列实例，让读者相信，无论何时，只要正确地运用这些原理，就能立竿见影，其成效着实令人震惊。

本书原本是向美国机械工程师协会提交的报告。我坚信，这里所选择的实例能够引起工业和制造业公司的工程师、管理者及这些公司所有人的极大兴趣。当然，我也希望读者明白，同样的原理能以同样的效力运用于所有社会活动，这些活动包括家庭管理、农场管理、大小商人的商业管理、教堂管理、慈善机构管理、大学管理以及政府各部门的管理等。

第 1 章

科学管理的基础

科学管理坚信：雇主与雇员的真正利益是一致的，除非实现了雇员的财富最大化，否则不可能永久地实现雇主的财富最大化，反之亦然；同时满足雇员的高薪酬这一最大需求和雇主的低产品工时成本这一目标，是可能的。

总之，财富最大化只能是劳动生产率最大化的结果。

工人和管理者双方最重要的目标是培训和发掘企业中每个人的技能，以便每个人都能尽其天赋之所能，以最快的速度，用最高的劳动生产率从事适合他的等级最高的工作。

在各行各业，即使在那些微不足道的细节上，用科学的方法代替单凭经验行事的方法，也将带来巨大的收益……而这种最好的方法和工具，只有通过对所有正在采用的方法和工具进行系统的科学研究和分析，同时结合准确、精密的动作和时间研究才能发现和形成。

管理者和工人亲密无间的、个人之间的协作，是现代科学或任务管理的精髓。

管理的主要目标应该是使雇主的财富最大化，同时使每一位雇员的财富最大化。

广义上讲，这里用到的"财富最大化"不仅意味着公司或其所有者能获得更多的利润，还意味着各行各业都达到了最好的经营状况。而且，只有这样才能实现永久的社会财富最大化。

同样的道理，雇员的财富最大化不仅意味着他可比其他同级别的雇员得到更多的薪酬，更为重要的是，还意味着每位雇员的劳动生产率都达到了最高。一般来说，在这种情况下，如果给予雇员机会，他就能够从事与其天赋和聪明才智相适应的最高级别的工作。

毋庸赘言，雇主的财富最大化及雇员的财富最大化应该是管理的两个首要目标。但毫无疑问的是，在整个工业界，总体上，雇主的组织与雇员的组织之间，残酷斗争多于真诚合作，以至于雇主和雇员的相互关系不可能协调到利益完全一致的地步。这一观点可能得到雇主和雇员双方中的大多数人的认同。

持上述观点的大多数人认为，雇主与雇员的根本利益必然是对立的。恰恰与之相反，作为科学管理的坚实基础之所在，科学管理坚信：雇主与雇员的真正利益是一致的，除非实现了雇员的财富最大化，否则不可能永久地实现雇主的财富最大化，反之亦然；同时满足雇员的高薪酬这一最大需求和雇主的低产品工时成本这一目标，是可能的。

科学管理原理寄希望于引导：（至少使）那些不同意上述科学管理目标的人改变其观点；雇主认识到对其雇员采取更为宽容的政策将更有利，而不是试图通过支付尽可能低的工资去获得最大产出；雇员改变在劳动成果归属方面的看法，不再对雇主获得合理甚至超额利润而耿耿于怀，不再认为全部劳动果实都应归自己所有，也不再认为自己为之工作并在相应事业上投资的人就不该享有或只应享有很少权利。

没人会否认，在单个人工作的情况下，只有其劳动生产率达到最高，即只有在其实现了日产出最大时，才可实现其财富最大化。

对于两个人一起工作的情况，上述事实也十分清楚。为说明这一道理，假设你和你的帮手工作技能熟练到每天可制作两双鞋，而你的竞争者和他的帮手每天只能制作一双鞋。显然，与每天只能制作一双鞋的竞争对手相比，在卖掉两双鞋以后，你可以支付给你的帮手更多的工资，而且你可以比你的竞争对手获得更多的利润。

在更复杂的制造企业中，这一事实也非常清楚，只有以最低的全部支出（包括人力、自然资源，以及以机器、建筑物形式存在的资本费用）完成企业的工作，才能为雇员和雇主带来永久的最大化财富。或者，用另一种方式来说明这个道理：只有在企业的工人和机器的生产率达到最大时，即只有当工人和机器的产出达到最大时，才可以实现财富的最大化。道理很简单，除非你的工人和机器比其他企业的工人和机器制造出更多的产品，否则，与你的竞争对手相比，你便不能向你的工人支付更多的工资。同样，你可以比较两家距离不远且彼此直接竞争的公司，看哪家公司可以支付更多的工资；你可以比较同一国家的不同地区，甚至相互竞争的两个国家，看哪个可支付更多的薪酬。总之，财富最大化只能是劳动生产率最大化的结果。本书后面将给出若干公司的实例，这些公司挣得了巨额红利，同时，与邻近的其他公司及竞争对手相比，它们支付给工人的工资高出30%～100%。给出的例子包括从最初级到最复杂的类型不同的工作。

如果以上推理正确，那么工人和管理者双方最重要的目标是培训和发掘企业中每个人的技能，以便每个人都能尽其天赋之所能，以最快的速度，用最高的劳动生产率从事适合他的等级最高的工作。

这些原理看起来是显而易见的，以至于不少人可能认为再对它们进行论述几乎是幼稚的。可是，让我们看看那些确确实实存在于美国和英国的事实吧。英国人和美国人可谓世界上最伟大的"运动员"。无论什么时候，在美国工人参加棒球比赛或者英国工人参加板球比赛时，可以有把握地说，他总会竭尽全力使自己所在的球队赢得胜利，他将全力以赴争取得到最高的得分。在比赛中，群情激奋，任何没有使出浑身解数的队员都将被打上"懦夫"的烙印，从而被大家鄙视。

可是，当这位工人第二天回到工作岗位时，他便不再尽其所能以完成更多的任务，更多的情况是，他在思考如何能少干活。结果是，他完成的工作远比所能完成的要少。在通常情况下，他只完成不到正常水平 1/3 或 1/2 的工作量。事实是，如果他每天竭尽全力去完成尽可能多的工作任务，那么他会遭受同事的辱骂，所遭到的伤害甚至比在赛场得到"懦夫"的称号还要严重。少干活就是偷懒（以避免每天完成更多的工作任务），这在美国被称为"磨洋工"，在英国被称为

"怠工"。这种"磨洋工"现象在工业企业界几乎是普遍存在的，在建筑业也有一定程度的存在。我声明在做以上阐述时并不惧怕反驳，因为这些现象确实构成了当今最大的时弊，英国和美国的劳动人民正为此而深感苦恼。

本书后面将指出，通过施行一定的措施，平均而言，每位工人和每台机器的产出将成倍增长。这些措施包括制止各种形式的"磨洋工"；调整雇主和雇员之间的关系，使得每位雇员都愿意发挥其最大优势，以其最快的速度工作；工人与管理者无间地合作，并得到（工人理应得到的）管理者的帮助等。在美国和英国正在讨论的那些方案中，还有什么其他革新措施比科学管理更能促进繁荣、消除贫困和减轻痛苦呢？近来[⊖]，美国和英国正因以下诸多问题而困扰：一方面是关税以及对大公司的管控；另一方面是对遗产继承权的管辖，以及各种各样的、或多或少带有公共提案性质的问题，如税收。这些问题带给两国人民的影响是深远的，但是，对于更为重大的"磨洋工"问题，却没有谁提起这档事以引起大家的关注，尽管其直接并显著地影响着工资、财富和几乎每一位工人的生活，并且以同样的程度影响着国内每一家工业企

⊖　指作者写作本书的年代，1911 年左右。——译者注

业的财富。

排除造成"磨洋工"的原因，进而消除"磨洋工"，可使生产成本大为降低，从而大大扩展我们的国内外市场，也可使我们在与贸易对手的竞争中争取到更有利的条件。科学管理可消除导致经济萧条、失业、贫困等问题的根本原因，因而其影响将比那些正在被采用的，试图缓和上述问题和灾难的，头痛医头、脚痛医脚的措施更为持久，也更为深远。科学管理也可使更高的工资、更短的工作时间、更优越的工作和家庭条件成为可能。

可是，面对这样显而易见的事实（即只有每位工人尽其最大努力实现了每天产量最大化时，才能带来财富的最大化），我们中的大多数人为什么仍然有意地反其道而行之？甚至当人们抱着最良好的愿望努力工作时，多数情况下他们的劳动生产率仍然低下？

造成这些情况的主要原因有以下三条。

第一，长期以来一种谬论在工人中广为流传：在商业世界中，如果每个人或每台机器的产出增加了，那么最终将导致大量工人失业。

第二，通常实行的不完善的管理制度，使得每个工人为了保护其最大利益而必然"磨洋工"。

第三，单凭经验行事的方法使劳动生产率低下，这种方法在各行各业仍普遍存在，导致我们的工人浪费了大量劳动。

本书试图阐明工人在放弃单凭经验行事的方法，代之以科学的工作方法时，将获得丰硕的成果。

第一，绝大多数工人仍然认为，如果他们全力以赴地工作，那么对整个行业来说就是做了极不公平的事情。因为，这样会导致大量的工人失业。可是，各行业的发展历史表明：每一次革新，无论是发明了一种新的机器，还是引入了更好的工作方法，所带来的是所在行业工人生产能力的提高和成本的降低，而不是更多的工人失业，因为它带来了更多的工作机会，从而需要更多的工人投入到工作中去。

某种日用商品的降价可立刻引起对这种商品需求的激增，下面以鞋为例进行说明。机器的引入，使得原来每一部分必须手工进行的工作都可以用机器来完成，结果是鞋的工时费用只有原来的一小部分，出售时价格也就非常低。因而，如今在工人阶级家庭，几乎每个男人、妇女和孩子每年都可以买一两双鞋，常年都有鞋可穿了。而以前每位工人可能每五年才买一双鞋，大部分时间都得赤着脚，穿鞋可是一种奢求！尽管使用机器后每位制鞋工人的产量大大增加了，但是，对鞋的需求也增加了。最终，与以前相比，需要更多的工人在制鞋行业工作。

几乎各行各业的工人都有过类似的足资教训的实例，但是，由于不了解其所在行业的历史，正如其父辈那样，他们仍然坚信：每位工人竭尽全力工作是对其根本利益的损害。

在这种错误思想的支配下，美英两国的大部分工人每天故意"磨洋工"，以便少出活。几乎每个工会都已经或正在制定一些条例，目的是使其成员少干活。那些对工人有强大影响力的工人领袖以及正在帮助工人的有慈善心肠的人，则每天都在传播着这一谬论，同时"忠告"工人们：你们干得太多了。

关于"血汗工厂"的工作条件，过去就有诸多议论，现在仍然有。我十分同情那些超负荷工作的人，但是，我更同情那些不能得到正常收入的人。每一位超负荷工作的工人背后，都有许多人故意在每天的工作上少出力——彻头彻尾地少出力。正是因为他们的"磨洋工"，"成就"了那些条件，使得低工资成为必然。可是，如何根除这一弊病，至今竟无人置一言。

作为工程师和管理者，我们比社会中的其他阶层更了解这些事实。因此，也更适合领导与上述谬论做斗争的运动。而要开展这场运动，首先要教育工人甚至整体国民明辨是非。可是，我们仍然没有什么作为，而且被那些煽风点火者（实际上，他们中的多数是被误导者）和那些根本就不了解工人实际工作条件的多愁善感者抓住了"把柄"。

第二，在现行管理制度下建立起来的雇主和雇员之间的不良关系也导致了"磨洋工"。关于其原因，对不熟悉这一问题的人是不可能用一两句话就说得清楚的。而这反映了雇主的无知，他们不知道这样的道理：各项工作应该在恰当的时间内完成是符合"磨洋工"者利益的。

为此，我摘录了我于 1903 年 6 月在美国机械工程师协会会议上宣读的一篇文章（题为《工厂管理》）的部分内容，旨在详细阐明导致"磨洋工"的第二个原因：

"磨洋工"有两个原因。第一，人的天性使然——都想轻松随便（这可称为"本性磨洋工"）；第二，人与人的关系造成的错综复杂的想法和重重顾虑而引起的"磨洋工"（这可称为"故意磨洋工"）。

毋庸置疑，普通人（无论从事哪种行业）都趋向于慢慢腾腾、不慌不忙地干活，只有在自己经过深思熟虑和仔细观察之后，或者由于学习榜样、良心发现，或者受到外来压力后，才加快自己的工作节奏。

不过，也有一些人具有异乎寻常的干劲儿、活力和雄心壮志，能自动选择最快的工作节奏，为自己设立标准并努力去工作，即使违反自己的最高利益。但是这少数不同寻常的人所起到的作用，反而凸显了一般人懒散的工作倾向。

把若干人集合在一起做同样的工作，采用计时工资制，按照统一标准发放工资的做法，大大助长了"懒散松懈"思想的蔓延。

在这种薪酬制度之下，那些本来就好的人必然会逐渐放慢他们的工作节奏，以向那些最差的、效率最低的人看齐。一个本来富有干劲儿的人，当他同一个素性懒惰的人在一起干了几天活之后，于情于理都会感到实在有点不公平："这个懒东西，只干我一半的活儿，却拿同样的工资，我为什么还要拼命干呢？”

研究在这种情况下工作的工人认真工作的时间，就会发现这既荒唐又令人惋惜的事实。[2]

举例说明：我曾经为一个生气勃勃的工人计时，他上下班时每小时步行三四英里⊖。一天工作之后，他往往快步回家，但一到工作场所，就马上把步伐减慢到每小时大约走一英里。例如，当他推一辆载重的独轮车时，即使上坡也走得很快，以使负荷时间缩短。可在回程时却马上慢下来，慢到一小时只走一英里路，并尽量利用一切机会来拖延时间，只差没有坐下来。为了使自己绝不比旁边的懒汉多干一点儿，他要尽最大努力故意慢慢走。

这些人是在一个颇有名声而且得到雇主器重的领班手下干活的。当有人提醒这个领班注意这种情况时，他说：“我有办法不让他们坐下来，可是魔鬼也没法催促干活的人快走一步。”

出于本性的“磨洋工”是严重的，但使雇员、雇主双方遭受到的比这严重得多的最大害处还是“故意

⊖　1 英里≈1609 米。

磨洋工"。这种"故意磨洋工"普遍存在于各种管理制度之中，而且是工人在经过仔细考虑之后做出的决定——他们认为这符合他们的最高利益。

我近来听到一个有趣的故事。一个年仅12岁却很有经验的高尔夫球童，对一个特别有劲头、兴致勃勃的新球童讲解：为什么跟随主人走近高尔夫球时必须在后面慢慢走。他点破说，既然是按钟点计酬的，那么走（跑）得越快，所得的钱便越少。最后还告诫说，如果走（跑）得太快，其他球童就会揍他一顿。

这是一种类型的"故意磨洋工"，并不算很严重，雇主凭借自身的知识能认识到，只要有意加以防范，很容易制止。

大部分的"故意磨洋工"，则是工人蓄意不让雇主了解究竟多快才能完成一项工作。

抱着这种目的"磨洋工"的工人非常普遍，以至于无论采用计时工资制、计件工资制、包工制或者任何通常计酬制，在大企业里都很难找到胜任的工人。每个工人都投入大量时间去研究怎样慢慢腾腾工作而仍能使雇主相信他在努力工作。

简单地说，产生这种情况的原因是几乎所有的雇主都先为各等级的工人确定了一个他们认为合适的最高工资额，而不论这些人是计时工还是计件工。

工人很快就能算出他本人应该得到的工资。同时他很清楚，一旦雇主相信有人能完成更多的工作量，迟早将设法迫使他也完成那么多，却很少或完全不增加他的报酬。

雇主对工人在一天内究竟能完成多少任务的了解，有的来自他自己的经验，但这种经验会随着时间的流逝而模糊；有的来自对工人的偶然的、没有系统的观察；最好的也只是来自有关这一工作完成得最快的工时记录。在许多情况下，雇主可以肯定，某种工作可以比原来的速度完成得快些。但是，除非雇主有实际记录，能用真凭实据证明这项工作能在多短时间内完成，否则他很少愿意采取断然的措施来促使工人用最短的时间完成任务。

因此，每个工人为了自己的利益，显然不会让某项工作完成得比过去更快一些。年轻和缺乏经验的工人不懂得这一点，老工人会教给他们。对于有些贪婪和自私的人，老工人则加以劝阻或施加社会压力，使他们不要为求得临时收入增加而创造新纪录，以免所有落后的人都要加紧工作而所得待遇照旧不变。

在通常最好的计时工资制之下，每个工人所完成的工作和效率都被准确地记录下来，工作有进步的人都能多得工资，而不能达到一定标准的人会被解雇，经过精心挑选的新人会代替他们。这样一来，出于本性的和故意的两种"磨洋工"都会在很大程度上得到解决。然而，这只能在工人深信即使在相当遥远的将来也不会采用计件工资制时才能办到。如果他们认为某种工作因性质而可以实行计件工资制时，那就几乎不可能使他们相信将来不会采用这种工资制度了。在多数情况下，出于担心雇主会把工人创造出来的新纪录作为计件工资制的标准的顾虑，工人会尽可能大胆地去"磨洋工"。

"故意磨洋工"是在计件工资制之下才发展到极点的。当一个工人由于干得卖力而增加了产量，结果从每件产品上所得的工资反而降低了两三成，他就会横下一条心，完全无视雇主方面的利益。只要"磨洋工"能防止进一步削减实际工资，他便决计使用这一手段。"磨洋工"是蓄意蒙蔽和欺骗雇主的一种做法，一个正直的工人会被迫成为一个伪君子，这对工人的人格发展来说，是不幸的。雇主不久就会被看作对抗者——就差不是敌人。那种本应存在于领导者和工人之间的相互信任，那种感到他们是为共同目的而工作和分享成果的感情与热忱，都完全化为乌有了。

普通计件工资制下的那种对立情绪，显然存在于工人之中，工人对雇主提出的任何建议（无论多么合理），总会产生怀疑。"磨洋工"已经变成一种痼疾，尽管不增加工作量同样可以大大增加产量，但是工人往往还是煞费苦心地去限制他们所操作的机器的产量。

关于"磨洋工"的第三个原因，本书在后面将用大量篇幅阐述。在各行各业，即使在那些微不足道的细节上，用科学的方法代替单凭经验行事的方法，也将带来巨大的收益。在各个行业，通过消除工人作业中不必要的动作，并以快捷的操作代替缓慢而无效的操作，可节约大量作业时间，进而提高产量。而这只有在人们亲自看到了经由称职的人员通过系统的动作和时间研究所带来的改进时才能认识到。

简要说明一下，本人业已指导了各行业的工人通过观察其他人的操作来掌握操作的要领，所以本人知道，做同样一种工作，通常情况下可以有很多种方法。也许在每一行业，完成同样一个动作就有四五十种甚至上百种方法，同样的道理，完成同一类工作可用的工具也有很多种。那么，在各行各业通用的众多方法和工具中，总有一种方法和工具是最快和最好的。而这种最好的方法和工具，只有通过对所有正在采用的方法和工具进行系统的科学研究和分析，同时结合准确、精密的动作和时间研究才能发现和形成。这涉及对整个机械工艺逐步采取以科学的方法代替单凭经验行事的方法的过程。

本书将指出，在现行的所有管理制度下，基本原则过于教条，每个工人必须对其所做工作承担最后责任，这样，工人就会以自认为是最好的方法去行事，管理者则很少需要给予帮助和指导。本书还将指出，因为工人是单枪匹马的，在这种管理制度下，其很少按照业已存在的科学或工艺原则和规律去行事。

本书是将此作为一般原理来阐述的（本书在后面将给出进一步的例证）。但是，作为每个工人每项动作基础的、适用于几乎所有机械工艺的科学，是如此重大、如此深奥，以至于工人难以对这一科学有深刻的理解。如果没有和他共事或领导他的人的指导和帮助，或者其本人缺乏教育或智力低下，那么，即使他最适合做某项工作，也不能深刻理解其中道理。为了按照科学规律行事，应该在管理者和工人之间推行比各种现行管理方式更平等的责任制。发展这一科学的管理者，也应指导和帮助在科学原则下工作的工人，并对自己所完成的工作承担比通常条件下更大的责任。

本书将主要阐明，为按照科学规律办事，管理者必须接手并完成那些本应由他们自己来完成的工作。几乎所有工人的操作都应有一个或多个管理者准备的操作要领作为引导，以确保他们可以比当下更好、更快地完成任务。每个工人每天都应从其领导那里得到指导和友善的帮助，而不是像过去那样，一个极端是受尽其领导的驱使和压迫，另一个极端是自我驱动，没有得到任何指导。

管理者和工人亲密无间的、个人之间的协作，是现代科学或任务管理的精髓。

这可由一系列的例证来说明。通过这种友好的协作，即通过平等地分担每天的责任，所有那些妨碍每个工人和每台机器完成最高产量的巨大障碍（如前所述）将被铲除。比起原有管理制度下的所得，工人工资可以增加30%～100%，加上他们每天同管理者肩并肩地亲密交往，可以彻底根除导致"磨洋工"的所有原因。在这一制度下，不用几年，工人就会在足资教训的实例面前认识到，人均产量的大幅增加，只会为工人提供更多的就业机会，而不是导致更多的工人失业。这样就彻底推翻了"工人产量的增加，带来的是其他人的失业"的谬论。

我的观点是，有很多事情不但可行，而且必要。要通过著作和报告来教育工人和社会各个阶层的人员，使他们认识到每个工人和每台机器的产出最大化是多么重要，而这只有通过采取现代科学管理才可实现。本书的多数读者也许会说，所有这些仅仅是理论罢了。恰恰相反，科学管理的理论或思想正在被理解，而管理本身有一个逐步演变的过程，已发展了将近 30 年的时间。在此期间，各行各业一家接一家公司（包括其雇主和雇员）已经逐步从传统管理转变为科学管理。迄今为止，在美国，至少有 5 万名雇员在这一制度下工作，他们每天比在其周围、与其具有同样能力的工人多挣了30%～100% 的工资，而其所在的公司也比以前获取了更多的财富。在这些公司里，每个工人和每台机器的平均产出翻了番。近些年来，在这种制度下工作的工人不曾有过一次罢工。代表传统管理特征的互相怀疑、提防以及或多或少的公开斗争没有了，取而代之的是管理者和工人之间的友好协作。

本人已经撰写了若干论文，说明了应采取的临时措施，在科学管理下实行的细节以及从传统管理转变成科学管理的实施步骤。但不幸的是，这些论文的多数读者错误地采取了"机械论"而没有看到其本质。

科学管理主要包括一些广泛意义上的原则和一些可用于很多方面的理念，以及一种可使任何人都信得过的观点，即应用这些一般原则的最佳途径。当然，绝不可把它和这些原则本身混同起来。

在此声明，绝不存在包治工人和雇主百病的灵丹妙药。只要有人天生懒惰或低能，只要有人天生贪婪或残忍，只要邪恶和犯罪困扰着我们，那么我们就摆脱不了贫穷、苦难和忧愁。没有哪一个由个人或团体所控制的管理制度和权宜之计，能保证工人和雇主持久富裕。

富裕依赖于众多因素，它完全超出了任何一个集团、任何一个州，甚至任何一个国家的控制。因此，在一定时期内，工人和雇主双方的利益或多或少会受到损害。

但可以认为，在科学管理之下，人们将更富裕、更快乐，不协调和纠纷将更少；不景气的时期会更少些、更短些，人们所遭受的痛苦也更小些。这一点在那些率先用科学管理原理代替单凭经验行事方法的城镇、地区或州表现得尤为突出。

我深信，科学管理原理必将为整个文明世界所普遍采用，采用得越早，它就越能造福全体人民。

第 2 章

科学管理的原理

简而言之，摆在管理者面前的问题就是如何最大限度地发挥每个工人的"积极性"……管理者必须给予工人以一般企业所没有的"特殊激励"。

管理者与工人之间的职责几乎是均分的。

科学管理原理有以下四个基本组成要素。

第一，形成一门真正的科学。

第二，科学地选择工人。

第三，对工人进行教育和培养。

第四，管理者与工人之间亲密友好地合作。

从每个工人的每项操作中，都可以归纳出科学规律来。

任务和奖金这两个因素构成了科学管理机制的两个最重要因素。

正是各个要素的集成，而非个别要素，构成了科学管理：

- 科学，而不是单凭经验的方法。
- 协调，而不是分歧。
- 合作，而不是个人主义。
- 最大的产出，而不是有限制的产出。
- 实现每个人的劳动生产率最大化、财富最大化，而不是贫困。

我发现，对那些开始关注科学管理的人们而言，必须搞清楚三个关键问题。

第一，科学管理与通常管理的区别在哪里？

第二，为什么科学管理能比其他类型的管理带来更好的结果？

第三，把合适的人选派到领导岗位难道不是最重要的吗？如果你已经物色到合适的人选，你敢授权他去选择管理制度吗？

撰写以下内容的主要目的之一，就是对上述问题给予令人满意的答复。

通常管理的最佳模式

在开始论述科学管理（也称"任务管理"）之前，有必要先简述通常使用的最好的管理制度（我认为这种模式是公认的）。通常管理的最佳模式和科学管理之间的差异彰明较著。

在一家有 500～1000 名工人的工业企业里，多数情况下至少有二三十种不同的职业，从事每种职业的工人通过口头传授获得知识。长年累月，经过从原始状态到目前细分化的专业的演变，这些职业形成了。原始状态下，远古的祖先都是从为数众多的入门职业做起的；如今，每个工人从事相对专门的工作。

一代人比一代人有更高的才智，在各自工作中想出了多快好省的方法。因此，从广义上说，目前所采用的方法是各行各业的最佳结晶——遵照"适者生存"法则从最原始状态逐步演化而来的。尽管如此，只有那些对这些行业相当熟悉的人才会认识到这样的事实：对某一具体工作，不会只存在一种行之有效的方法。相反，可能有50～100种不同的方法。只要稍加思索就会明白这一道理，因为我们所采用的方法是通过口头传授得到的，或者，多数情况下，是通过不自觉的亲身观察得到的。事实上，这些方法均没有经过系统的分析和整理。每一代，甚至每十年的智慧和经验毫无疑问地会把好的方法传递下去。这种单凭经验的方法或传统的知识，可以说是每个业主的主要财富。可是，管理者明确认识到，在通常管理的最佳模式下，自己所管辖的二三十种职业的500～1000名工人掌握了大量的传统知识，而自己未能占有这些财富的大部分。当然，管理者包括领班和监工，这二者本身就是所在行业一流的工人。可是，这些领班和监工比谁都明白，他们的知识和技能，比起他们下属的所有工人的知识和技能的总和，要差得很远。因此，最有经验的管理者总是让工人思考如何用多快好省的方法去完成各自的任务。他们认识到自己的职责就是促使每个工人充分发挥"积极性"，以便为雇主创造最大的收益。具体地说，就是要促使每个工人竭尽全力，以最良好的愿望，最大限度地应用其掌握的传统知识、技能和才智。简而言之，摆在管理者面前的问题就是如何最大限度地发挥每个工人的"积极性"。本书从最广泛的意义上来使用"积极性"这一术语，包含了从工人那里挖掘到的一切优良品质。

但是，无论从哪一方面讲，明智的管理者都不会奢望能完全调动其工人的积极性，除非他给予工人的比通常情况下工人能得到的更多。本书的读者众多，只有那些已经从事管理或具体工作的读者才能认识到，普通工人远没有把积极性发挥出来，与雇主的期望相差甚远。可以十分有把握地说，20 个企业中有 19 个企业的工人认为，竭尽全力地工作违背了其自身利益，所以，他们就不会尽其所能努力工作，以便更好地完成更多的工作任务；相反，他们会有意地尽量放慢

速度，同时，他们会设法让主管相信，他们干得非常快。[○]

因此，本书再次强调，为了让工人充分发挥"积极性"，管理者必须给予工人以一般企业所没有的"特殊激励"。"特殊激励"可以有若干种形式，例如，快速的提升和晋级，提高薪酬（表现形式可以是计件工资的提高，也可以是超产奖和红利），工作环境和条件的改善，等等。更为重要的是，这种"特殊激励"应该与管理者对工人的亲切关怀和友好结合在一起实施，而只有当管理者真心实意地关心工人的福利时才能取得效果。管理者只有给予工人以特别的诱导或激励，才可指望从大体上调动工人的"积极性"。在通常的管理制度下，对工人施以"特殊激励"的必要性早已被公认，以至于非常关心这一问题的多数人认为，整个管理体制要解决的就是实行现代工资方案，其中涉及计件工资、奖金计划或红利等。可是，科学管理认为，采用特殊的工资制度只是整个管理体系的一个部分。广义上讲，通常所采用的最佳管理模式可以定义为：使工人充分发挥"积极性"，作为回报，其可从雇主那里得到"特殊激励"的一种管理体制。与科学管理

○ 我曾在《工厂管理》中阐述了造成这一不幸的事实的原因。该论文曾在美国机械工程师协会会议上宣读过。

不同，这种管理是"积极性加激励"的管理，本书将对其与科学管理进行比较。

"积极性加激励"的管理被认为代表了通常所用的最佳管理制度。我认为，绝不可能说服一般管理者相信，在各个行业，还有比这更有效的管理制度。因此，我所面临的艰巨任务是，用一种有充分说服力的方法，来佐证有另外一种管理制度，比"积极性加激励"的管理不仅好，而且好得多。一般管理者对"积极性加激励"的管理制度的偏爱根深蒂固，以至于仅从理论上说明科学管理制度的优点，也不足以让他们相信后者比前者更好。下面将例证科学管理制度远比其他管理制度优越，为此，将列举一系列来自两种管理制度下的实例。一些基本原则或思想，将被认为是通过实例说明的科学管理制度的实质。科学管理的一般原理与通常的或"单凭经验"的管理之间的区别，从性质上看显得简单明了，因此，有必要在例证之前加以说明。

在过时的管理制度下，要取得什么成就几乎完全依赖于对工人"积极性"的充分调动，但是，在实际中，这基本上是不可实现的。与此不同，科学管理制度能够在更大的范围以绝对的一致性来充分调动工人的"积极性"，即竭尽全力，以最良好的愿望，最大限度地发挥其聪明才智。在科学管理制度下，除了工人方面的这种改进，管理者要承担过去想都不敢想的新的职责。例如，管理者要负责把工人已有的传统知识汇集起来，加以分类、制表，并编制成规章制度和操作规程，以有助于工人的日常工作。除了发展这门科学，管理者还要承担另外三种职责，这是管理者自身要承担的新的、繁重的任务。

这些新的任务可归纳为以下四个方面。

第一，提出工人操作每一动作的科学方法，以代替过去单凭经验从事的方法。

第二，科学地挑选工人，并进行培训和教育，使之成长成才，而不是像过去那样由工人选择各自的工作，并各尽其能地进行自我培训。

第三，与工人密切合作，以确保所有工作都按照所制定的科学原则行事。

第四，管理者与工人的工作和职责几乎是均分的。管理者应该承担起那些自身比工人更胜任的工作，而在过去，管理者把几乎所有的工作和大部分职责都推给了工人。

也正是工人"积极性"的组合，加上管理者所承担的新任务，才使科学管理制度比过去的管理制度更加有效。

上述前三个方面存在于多种情况中，在"积极性加激励"的管理制度下，其只显现雏形，涉及一小部分内容，显得不太重要；在科学管理下，却是整个管理制度的本质所在。

对第四个方面，即"管理者与工人的工作和职责几乎是均分的"，需要进一步解释。"积极性加激励"的管理要求每个工人承担几乎全面的职责，包括总体计划、具体工作，直到工作任务完成。此外，他必须从事实际的体力劳动。从发展这门科学的角度来说，则包括建立规章制度和操作规程，以取代单凭工人判断的做法。这些规章制度和操作规程只有经过系统的记录、编制索引等工作以后，才能得到有效利用。为在实际中应用这些科学的数据，需要配备一个办公室（计划室），用以保存账簿、工作记录等案卷，⊖ 此外，需要为计划员配备一张办公桌。在过去的管理制度下，所有计划都是由工人根据个人经验实施的，而在新的管理制度下，将由管理者按照科学规律去完成这部分工作。即使工人能够胜任

⊖　例如，在科学管理下，一个机器加工车间所涉及的数据记录就有数千页之多。

合理数据的整理与使用，也不可能要求他既在机器上从事操作又在办公桌上拟订计划。非常清楚的是，多数情况下，由一些人预先制订计划，而由别的一些人去实施这些计划是必要的。

在计划室工作的人的专业就是在科学管理下预先制订计划。他总能找到多快好省的工作方法，实现途径包括工作细分，即在每个工人开始作业之前，先由另外一些人完成各种准备活动。所有这些都包含着我们所说的"管理者与工人之间的职责几乎是均分的"。

归纳起来，在"积极性加激励"管理制度下，实际上，全部问题由"工人决定"，而在科学管理制度下，一半的问题由"管理者决定"。

也许，科学管理最突出的"独一无二之处"是任务观念。在这种制度下，每个工人的工作至少要在一天前由管理者通过计划形式完全确定下来。在大多数情况下，每个工人会收到书面的作业指南，其详细说明了要完成的任务及作业方法。按照这种方式，预先安排好工作就构成了一项任务。如上所述，这项任务不是由工人单独完成的，多数情况下是工人和管理者共同努力完成的。每项任务详细说明了要做什么、如何做以及何时完成。无论何时，只要工人在规定的时间内圆满地完成了任务，那么他就能得到正常工资 30%～100% 的额外报酬。这些任务定额是经过精心计算的，需要工人高质量细致地完成。同时，必须明确，绝不要求以损害工人身体健康的速度来完成这些任务。每项任务都是这样拟订的：胜任这一工作的工人能够常年以这种速度操作，并感到身心愉快，工人变得富有而不感到劳累。在很大程度上，科学管理就是要预先制订任务计划并实施这些计划。

我充分注意到，也许本书的多数读者认为：区别于原来管理制度的新的管理制度的四个方面，看来只是在唱高调。我重申，我不会仅仅通过宣告新的管理制度的存在而让读者相信其价值，而是期望通过一系列实例证明这四个方面所表现出来的巨大力量和效果，以使人信服。读者首先看到的是，科学管理原理完全适用于从最基本的到最复杂的各种各样的工作；其次，一旦得到应用，比起"积极性加激励"的管理，它所带来的成效要大得多。

第一个实例是搬运生铁。之所以选择这项工作作为案例，是因为它是工人操作中最原始、最初级的劳动。这一操作不需要借用其他工具，只用双手即可。生铁搬运工弯下腰，搬起约 92 磅⊖重的生铁，移动数英尺⊜或数码⊜远，然后把生铁撂到地上或堆起来。这项工作是如此原始，如此初级，以至于我深信完全可能把一只聪明的猩猩培养成生铁搬运能手，它有可能比人还要能干。可是，读者将看到的是，搬运生铁所包含的科学原理非常深奥。事实上，即使那些十分胜任这项工作的工人也无法理解其中的管理原理，也无法按照那些原则去操作，除非一位比他受过更好培训的人帮助他。进一步的例证将表明，在几乎所有的机械工艺中，存在于每个工人操作背后的科学原理是如此之深奥，以至于十分胜任这些工作的工人也不可能（缺乏培训或智商不高）领会其中的奥妙，也不可能领会科学管理的一般原则。随着一个个实例的说明，道理将不言自明。本书在说明科学管理原理的四个方面如何应用于搬运生铁以后，将进一步阐明其在机械工艺不同工种中的应用——从最简单的作业开始，以一定的级差，逐级上升，最后列举更复杂的工种。

当我把科学管理原理介绍给伯利恒钢铁公司后，所做的第一件事是对搬运生铁采用新的计件工资制。

⊖ 1 磅≈0.45 千克。
⊜ 1 英尺＝0.3048 米。
⊜ 1 码≈0.9144 米。

西班牙战争爆发之初，该公司工厂附近的一处料场上放有大约 8 万长吨⊖生铁。这些生铁堆成一些小堆。当时，生铁价格过低，无利可图，就被存放在那里。随着西班牙战争的发展，生铁价格上涨，便是出售这些生铁的时候了。这就给了我们一个非常好的机会，可以向工厂的工人和管理者表明：对这种初级作业，将要实行的计件工资制比过去的计时和计件工资制要优越得多。伯利恒钢铁公司有 5 座高炉，多年来，高炉的产品一直都是由一个生铁搬运小组搬运。当时，这个小组约有 75 名工人。他们是熟练的、具有一般水平的生铁搬运工，由一个工长来带领。工长本身也曾是生铁搬运工。总体上，该小组的工作做得与当时别的地方的小组一样，"又快又省"。

一条铁路的岔道引到刚才提到的料场，就在生铁堆的边沿。一块木板斜靠在一节车厢上。每名工人从生铁堆上搬起一块重约 92 磅的生铁，走上木板，把生铁撂在车厢里。

我们观察到，这个小组平均每天每人搬运 12.5 长吨生铁。经过仔细研究，我们惊喜地发现，头等生铁搬运工一天应该能搬运 47～48 长吨生铁，而不是 12.5 长吨。这对我们

⊖　长吨，即英吨，质量单位，1 长吨≈2240 磅≈1.016 吨。

太重要了，我们又做了多次调查，直至确信这一结果是正确无疑的。一旦确信47长吨是一个头等生铁搬运工一天适当的工作定额，摆在我们面前的任务就明确了（这涉及现代科学管理制度下管理者所必须考虑的问题）。我们的任务是要让工人以每人每天47长吨的速度把8万长吨生铁搬上火车，而当时的速度是每人每天12.5长吨。我们进一步的任务是：在推行新的工作标准时，不至于引起工人罢工，不与工人发生争执，让他们在以每人每天搬运47长吨生铁而不是原来的12.5长吨生铁时更愉快、更满足。

第一步是科学地挑选工人。科学管理制度下，在与工人交流时，有一个硬性规定：一次只与一个工人交谈，因为每个工人都有其特长和不足。我们要打交道的不是群体，目的在于尽可能最大限度地提高每个人的劳动生产率，并为其带来最大的财富。在开始之前，需选择合适的工人。我们对75名工人进行了三四天的观察，然后，选择了其中的4名工人。从体力上，他们每人每天足以搬运47长吨生铁。之后，我们仔细分析了他们中的每个工人，查阅了他们尽可能远的档案，详细询问了每个人的性格、习惯和志向，最后，我们选择了一位最合适的人选。他是一位身材矮小的宾夕法尼亚的荷兰籍人，我们注意到他每天晚上干完活后快速步行一英里左右赶回家。下班时，他几乎像早上快步走来上班时一样精神抖擞。我们还发现，在一天 1.15 美元的工资水平下，他已成功地购买了一小块土地，现正在上面砌墙，准备盖一栋小房子。这些工作都是在清早上工前和晚上收工后进行的。他以"吝啬"出名，爱财如命。我们访谈过的一个人这样评价他："一点小钱在他看来就像车轮那么大。"我们称呼他施密特。

于是，我们的任务就具体到：让施密特以非常乐意的态度，每天搬运 47 长吨生铁。具体方法是这样的，我们把施密特从生铁搬运小组中叫出来，并问他：

"施密特，你是一个有价值的人吗?"

"什么? 我不懂你们在说什么。"

"不，你懂。我们想知道，你是不是一个有价值的人。"

"不，我仍然不懂你们是什么意思。"

"噢，好吧，你来回答我们的问题。我们想知道你是一个有价值的人呢，还是这里没什么价值的伙计中的一员。具体点儿说，我们想知道你是想一天挣 1.85 美元呢，还是想像那些没什么价值的伙计一样，一天只挣 1.15 美元。"

"我想一天挣 1.85 美元，那就意味着我是一个有价值的人吗？那么，我是一个有价值的人。"

"噢，你真让我们生气。你当然想一天挣 1.85 美元——谁不想！看来使你成为一个有价值的人并不是什么难事。看在老天的面上，别再浪费我们的时间了。到这儿来，看到那一堆生铁了吗？"

"看到啦。"

"看到那个车厢了吗？"

"看到啦。"

"好了，如果你是一个有价值的人，明天你就把那些生铁装到车厢里。这样，你就能挣到 1.85 美元。好，打起精神来，回答我们的问题，你是不是一个有价值的人？"

"噢，明天我把这堆生铁装到车厢里就能挣到 1.85 美元吗？"

"是的，确实是这样。一年到头，每天把这么多的生铁装完，你都能挣到 1.85 美元。那正是有价值的人要做的事情，其中的道理你和我们一样清楚。"

"好的，为了这 1.85 美元，明天我就把这堆生铁装上火车。我真的能天天都这样做吗？"

"当然，你能。"

"咦，我这就成了一个有价值的人了。"

"好，等一等。你应该和我们一样明白，作为一个有价值的人，从早到晚都应听从这个人的吩咐。你们先前见过面吗？"

"没有，我从没见过他。"

"好了，你如果想要成为一个有价值的人，从明天起，就应该完全按照这个人的吩咐行事。从早到晚都应如此。当他告诉你搬起生铁并移动时，你就搬起生铁并移动。当他告诉你坐下休息时，你就坐下休息。你整天就这么做。对了，不能顶嘴。有价值的人就是这样，让你怎么做，你就怎么做，而且不顶嘴。你明白这些吗？当这个人让你移动时，你就移动；当他让你坐下时，你就坐下，并且从不顶嘴。就这些，明天一早来这里干活

儿，晚上收工前我们就会知道你到底是不是一个有
价值的人。"

这种谈话看来有点粗鲁，尤其对有教养的技工甚至一个
聪明的工人而言。可是，用这种谈话对待像施密特这样反应
迟钝的人，则恰到好处，而且不乏友善——他能把注意力集
中到他想得到的高工资上面。所以，这种谈话方式是有效的。
如果言语太过温和，他就会觉得这是一件无法完成的苦差事。
那么，在"积极性加激励"管理下，又该以什么方式开始这
种交谈呢？设想一下，应该是这样：

> "噢，施密特，你是最优秀的生铁搬运工，熟
> 悉你的工作。目前，你每天的搬运量都是12.5长
> 吨。我已就搬运生铁做了大量研究，确信你每天能
> 够比现在搬运更多的生铁。你难道不想真正尝试一
> 下，你每天能搬运47长吨，而不是现在的12.5长
> 吨吗？"

你认为施密特会怎样回答这一问题呢？
施密特开始工作了，一整天都是按照规定行事。一个人

拿着秒表，站在他面前，告诉他"现在搬起生铁，移动""现在坐下，休息"之类的话。总之，让他干活，他就干活；让他休息，他就休息。到下午 5∶30，他已把 47.5 长吨的生铁搬上了火车。我在伯利恒钢铁公司的 3 年中，他都是按照这一速度完成规定的任务的。在此期间，他平均每天挣 1.85 美元多一点儿，而之前，他每天最多只能挣到 1.15 美元。而1.15 美元是当时伯利恒钢铁公司每天的法定工资水平。这就是说，比起没有按照计件工资制工作的工人，他多挣了 60%的工资。一个接一个的工人被挑选出来，并被加以培训，他们按照每天 47.5 长吨的速度搬运生铁，最后全部工人的生铁装运速度都达到每天 47.5 长吨。这意味着这些工人比周围别的工人多挣了 60% 的工资。

科学管理原理有四个基本组成要素。本书已就其中的三个做了简要的说明。第一是仔细地挑选工人；第二与第三是先引导工人，然后对其进行培训和帮助，使之按照管理方法从事。虽然，到目前为止，还没有提到搬运生铁的科学所在。但是，我相信在结束本实例的说明之前，读者会确信真的存在搬运生铁的科学。同时，读者会认识到这一科学是如此之深奥，以至于如果没有主管的帮助，即使是那些胜任搬运生铁的工人也不可能理解它，甚至不能按照这门科学的规律办事。在当了一段制模工和机械工的学徒后，我于 1878 年来到了米德韦尔钢铁公司的机加工车间。那是在经济上的大恐慌之后，长时期的经济萧条快要结束的时候。企业经营惨淡，致使很多机械工找不到工作。为此，我不得不做些临时工，而不是正式的机械工。算我走运，来车间上班不久，原来的管理员被查出盗窃。没有别的人选，加上我受过更多的教育（曾准备上大学），就被选派当了车间管理员。很快，我当上了一名机械工，操作一台车床。与别的操作同样车床的机械工相比，我的劳动生产率更高。几个月以后，我被选派为车床班组长。几年来，该车间基本上实行的是计件工资制。事实上，车间由工人自己管理，而不是由班组长管理。这个国家的大部分工厂都是这样，至今如此。工人聚集在一起详细制订计划，确定每项工作按照什么速度进行。他们为每台机器确定了作业进度，把生产率限定为制度工作日的 1/3 左右。每当一个新工人来到，马上有别的工人告诉他每种活儿确切地该做多少。除非他遵守这些约定，否则，要不了多久，他保准会被原来的工人赶走。

我刚被任命为班组长时，一个接一个的工人就找上门来，并扔下话：

> "好吧，弗雷德，我们很高兴你来当班组长。
> 你是知道游戏规则的，相信你不会是计件工的火车
> 头。你和我们友好相处，什么事儿都没有。可是，
> 如果你试图改变已形成的任何一项作业速度，等着
> 瞧吧，我们会把你孤立起来。"

我坦率地告诉他们，自己现在是站在管理者的角度工作
的，而且打算尽自己所能，在车床上完成合理的日工作任务。
这立刻引发了一场战争。在多数情况下，这场战争还算是一
场温和的战争，因为私下里，那些工人都是我的朋友。但这
毕竟是一场战争，而且，随着时间的推移，这场战争愈演愈
烈。我采用各种手段来促使他们完成合理的日工作任务，包
括对那些顽固不化者，或是解聘或是通过降低计件工资标准
来减少其工资；招聘新手，对其进行个人指导，让其掌握如
何正确地工作，让其认识到当他们学会了如何正确工作后，
他们就能完成合理的日工作任务。同时，一些工人不断地对
增加产量的工人施加压力（在厂内或厂外）。结果是，要么他
们也像大家一样"认真"工作，要么卷铺盖走人。没有这一

经历的人无论如何也想象不到战争中逐步形成的对抗性的力量。在这场战争中，工人有一种招数总能奏效：他们机灵地想出各种办法，损坏所操作的机器，但表面上看，机器是因偶然原因或者是正常工作时间内的磨损造成的损坏。之后，他们就把这些归咎于工长，说是他们强迫自己超负荷开动机器，致使机器过度疲劳而损坏。实话说，很少有工长能真正顶住车间里全部工人的联合压力。实际情况是，工厂的日夜班制度导致了问题的复杂性。

在这场战争中，我有两个有利条件，而这是普通工长所不具备的。说来十分出奇，这两个条件主要出于我不是工人出身。

第一，由于我不是工人出身，老板相信，比起其他工人来，我内心更关心所从事的工作。于是，老板相信我的话多于相信那些工人的话。有机械工打报告给总管：一个不称职的工长让他们超负荷地开动机器，导致了机器的损坏。这时，总管总是相信我的话：作为正在进行的有关计件工资制斗争的一个组成部分，是那些工人故意损坏了机器。而且，总管同意我对这种故意破坏行为给予有力的回击："在这个车间里，机器不能再出现事故。如果哪台机器有损坏，那么操作者应赔偿部分修理费，以这种方式收集的罚款将交给福利互助协会，用以资助那些患病工人。"这很快遏制住了破坏机器的行为。

第二，如果我曾经是工人中的一员，曾与他们生活在一起，工人就会对我施加社会压力，从而使我无法坚定地站在工人的对立面。每当我出现在大街上，人们就会骂我"工贼"或更肮脏的话，我的妻子会受到凌辱，我的孩子会遭到石块的袭击。有几次，我在工厂的一些朋友劝我不要走着回家，我回家时经过的是沿铁路线大约两英里半的偏僻小道。我被告知，如果继续与工人作对的话，将有生命危险。可是，在这种情况下，任何怯懦的表现不会减少风险而只会增加风险。所以，我告诉这些工人，并请他们转告车间里的其他工人：我打算每天晚上仍从铁路旁的那条小道步行回家，不曾也不准备携带任何武器，他们可以向我开枪，将我打死。

经过了大约三年的这种斗争以后，机器的产量大为增加。在很多情况下，则成倍地增加。结果，我被任命为一个又一个班组长，直至被提拔为车间主任。任何思维正常的人都认为这种提拔绝不是对我苦苦维护与周围工人关系的一种补偿。如果生活只是与他人不断斗争，那就太不值得了。我的工人朋友不断找我，私下里以友善的态度问我：我是否在为了工人的切身利益而劝说他们更多地完成任务。作为一个诚实的人，我告诉他们：如果我处在工人的位置，我也会反对更多地完成任务，因为过时的计件工资制已不可能让他们挣到更多的钱，反而会让他们工作得更辛苦、更劳累。

我当上车间主任不久，就下定决心以某种方式改变现行的管理制度，以使工人和管理者的利益达到一致，而不是对立。结果，大约三年以后，形成了一种新的管理制度。我向美国机械工程师协会所提交的论文中阐述了这种管理制度，论文的题目是《计件工资制》和《工厂管理》。

在准备建立这一管理制度的过程中，我认识到实现工人与管理者协作有一个最大的障碍，那就是管理者并不知道计件工资的标准到底应该是多少。我清醒地认识到，尽管是车间主任，我领导的工人的群体知识和技能比我本人的高出10倍还要多。因此，我征得时任米德韦尔钢铁公司总裁威廉·塞勒（William Sellers）的同意，对各种工作所需的时间，投入资金进行细致、科学的研究。

在某种程度上，塞勒先生同意这样做，更多的是出于对我的奖励，而非其他原因。作为优秀的车间主任，我让工人完成了更多的任务。此外，总裁说道，他认为任何这类科学研究都不会有什么好的成效。

在众多研究之中，有一项是尝试找到某种规则或规律，让工长事先知道一位胜任某种重体力劳动的工人一天到底能干多少活儿，即研究重体力活儿对头等工人的疲劳程度的影响。我们所做的第一步是聘用一名大学生，让他查阅所有英文、德文、法文有关这一方面的文献。接着，做了两类实验：一类实验由生理学家来完成，研究人的耐久力；另一类实验由工程师来完成，研究一人力相当于一马力的几分之几。实验是这样进行的：一些工人要通过转动绞车的手柄来提升逐渐增加的重物；另一些工人则以不同的方式走动、跑动或提升重物。可是，由于实验数据不足，并没有得到任何有价值的规律，所以，我们决定由自己来做一系列实验。

我们选出了两个身体健壮而又优秀扎实的工人，实验期间，他们能得到双份工资。他们被告知，必须自始至终竭尽全力。我们会不时抽查他们有没有磨洋工，被发现磨洋工者将被解雇。结果，这两个工人在整个实验期间均尽了最大努力工作。

需要明确的是，这些实验的目的并不是要发现一个工人在短短几天内，通过突击的方式最多能完成多少任务。我们想知道的是：头等工人在一天内都干了些什么；年复一年地，下班后仍精力充沛的正常情况下，每天每个工人能完成的最合适的工作量是多少。他们被指派每天完成各种各样的任务。在此期间，由指导实验的年轻大学生做详细的观察。这名大学生借助秒表把这些工人工作时的各个动作所需的合理时间记录下来。所有与工作有关的因素，只要我们认为其影响工作结果，都加以详细研究和记录。我们希望最终确定一个人发挥最佳水平时，其人力合一马力的几分之几，也就是说，一个人一天最多能做多少英尺磅[⊖]的功。

这样，经过一系列实验之后，工人每人每天的工作量被转换成以英尺磅为单位的能量（以下简称"英尺磅能量"）。可是，让我们吃惊的是，在每天最大的英尺磅能量和疲劳反应之间并没有恒定的、一致的关系。我们试图找到头等工人每天的最大工作量，以此来发现指导规律，但是，我们失败了。

我们得到大量有价值的数据，据此，我们可知道很多种工作每天的合理工作量。可是，再花更多的资金来试图找到

　　⊖　1英尺磅≈1.356焦耳。

更确切的规律看来是不理智的。几年以后，当我们有更多的资金进行工作研究时，完成了另外一系列实验。虽然它们与第一次的实验相似，但是，它们要彻底得多。可与第一次一样，这些实验取得了有价值的信息，而没有形成规律。又是几年过去了，第三次系列实验开始了。这次我们不遗余力，以便把实验做得更彻底一些。影响研究对象的每一个细微因素都被仔细地记录下来并被加以研究。两个大学生花费了三个月的时间来做这次实验。这些数据又被换算成每天每人所达到的最大英尺磅能量。结果非常清楚，在一个人可实现的"马力"（即每天最大的英尺磅能量）和对工人造成的疲劳反应之间没有直接关系。可是，我仍坚信一定存在一个十分明确的规律，即一个头等工人一天的工作可分为某些组成部分。而且，我们所记录和整理的数据是那样的翔实，找到规律所用的信息一定存在于这些数据之中。于是，我们把寻找规律的任务交给了卡尔·G. 巴思（Carl G. Barth）先生，他将从累积的数据中概括出一般规律。巴思先生是一位数学家，数学知识比我们都渊博。我们决定以一种新的思路来研究这一问题。通过描绘曲线，用图示方法来表示影响工作的各个因素，以便从全局上把握所有因素。不久，巴思就发现了支配疲劳反应的规律，即劳动强度如何引起头等工人的疲劳。原来，它是如此简单，我们早在几年前就应该发现并明确认识这一规律。所发现的规律可描述如下。

这个规律有个前提，即当工人精疲力竭时，就达到了其能力极限。这是有关重体力劳动的规律，对应拉货的马的劳作，而非经专门训练的用于小步快跑的马的劳作。在实际中，所有这类工作都是由工人用力一推或一拉这样的动作组成的。也就是说，工人在推动或拉动手中的物体时消耗了力量。规律表明，对于给定的工人手臂的推动或拉动，一天中，只有一定比例的动作有负荷。以搬运生铁为例，当搬运生铁（每块重92磅）时，一天中，头等工人只有43%的时间处于有负荷状态，也就是说一天中，57%的时间完全没有负荷。当搬运重量降低时，一天中，工人有负荷的时间就会增加。因此，如果工人搬运一半重，即46磅重的生铁，那么，一天中，他可能有58%的时间有负荷，相应地，只有42%的时间在休息。当负荷越来越轻时，一天中，工人有负荷的时间会越来越长，直至最后达到他一整天都在搬运也不感到疲劳的程度。当达到临界值时，这个规律就失去作用，不再能用于指导减少工人的耐久力。此时，探索显示工人能力的其他规律就成为必要。

当搬起一块重达 92 磅重的生铁时，站着也好，移动也好，工人感到的劳累程度是一样的。不管是否移动，在这种情况下，他手臂的肌肉处于高度紧张状态。但是，如果静止不动，他就没有产生任何"马力"。这就解释了下面的道理：在一个人可实现的"马力"和对工人造成的疲劳反应之间没有恒定关系。同样，显而易见，在这类工作中，有必要频繁地解除工人的负荷（即让工人休息）。在工人有负荷的整个时间内，其手臂肌肉的组织处于耗损状态，需要频繁地休息，以便通过血液循环使这些组织恢复到正常状态。

现在，让我们回到伯利恒钢铁公司生铁搬运工那里。施密特被允许为挣更多的工资而去搬运那堆重达 47 长吨的生铁。但是，如果得不到掌握生铁搬运诀窍或科研人员的指导，那么他为了挣更多的工资，在一天中，到中午 11 点或 12 点，就会彻底累倒。他会持续不断地搬运，致使肌肉得不到适当的休息，不能恢复到正常状态。一天中，很早他就会精疲力竭了。但是，如果有一个懂得这个规律的人站在他旁边，指导他的工作，天长日久，直至他养成了一种习惯，他就能在全天按照平均的速度搬运，而不感到过度疲劳。

对把搬运生铁作为日常职业的人来说，最基本的要求是"愚蠢""冷漠"，在体力上表现得更像一头公牛，而不是任何别的动物。也正是由于此，机警和聪明的工人完全不适宜干这种活儿，因为在他看来，这是折磨人的单调无趣的工作。搬运生铁的工人必须足够迟钝，对"百分比"这样的词没有什么概念。因此，可以由一个比他更聪明的人培训他，直至他养成按这一规律工作的习惯，并干出成绩。

我坚信，很明显的是，即使在已知的最原始的劳动中，也存在科学问题。如果仔细地挑选了适合从事这类工作的人，如果研究了从事这类工作的科学规律，如果对仔细挑选的人进行了培训，使其按照这一规律办事，那么，所取得的成果必然远远超过"积极性加激励"管理下所能取得的成果。

让我们再一次考察这些生铁搬运工的情况，看一看，在通常管理模式下，是否真的就不能取得同样的成果。

我曾询问很多优秀的管理者，在通常的激励工资、计件工资或任何通常的管理计划下，他们能否使每人每天的搬运量接近 47 长吨。⊖结果，大家都认为连增加到 18～25 长吨都

⊖ 很多人质疑：头等工人一天能把 47.5 长吨的生铁从地上搬到车厢中？现在，为持怀疑态度的这些人提供以下数据。

第一，实验表明，存在以下规律：一名最优秀的适合从事这种工作的工人，一天中只有 42% 的时间有负荷，而其他 58% 的时间必然没有负荷。

第二，一名工人把堆在料场上的生铁搬上停靠在货堆边轨道上的一节车厢，正常情况下，其搬运量应该达到 47.5 长吨。

搬运这些生铁的工资是 3.9 美分 / 长吨，干这种活的工人每天可挣 1.85 美元，而之前，每天只能挣 1.15 美元。

此外，再提供下述数据。

47.5 长吨约等于 106 400 磅。

以每块生铁 92 磅计，每天折合搬运 1156 块生铁。

一天中，42% 的时间有负荷，相当于 600 分钟乘以 0.42，即 252 分钟。

有负荷的 252 分钟除以 1156 块生铁，约等于每块生铁有负荷的时间是 0.22 分钟。

一名生铁搬运工走动的平均速度是 0.006 分钟 / 步。生铁堆距离车厢平均为 36 英尺。何况，多数生铁搬运工是搬着生铁一路小跑到达斜板的。放下生铁后，又跑下斜板。所以，在实际搬运过程中，许多工人的作业速度比上述提供的数字要快。工人每搬运 10～20 块生铁后，就会休息一下——一般坐下休息。休息时间不包含工人从车厢返回生铁堆的时间。许多对工人能搬运这些重量的生铁持怀疑态度的人没有认识到，当工人空手返回时，完全没有负荷，其间，他们的肌肉就有了消除疲劳的机会。应注意到，生铁堆距离车厢平均为 36 英尺，那么这些工人在一天的走动中，8 英里是有负荷的，8 英里是没有负荷的。任何对这些数字感兴趣的人，都可用各种方法对它们通过乘法或除法进行换算。人们将看到，上述所有事实都准确无误。

不可能。读者一定记得，伯利恒钢铁公司的工人原来每人每天只能搬运 12.5 长吨。

接下来，让我们把研究再深入一些。在科学选择工人方面，事实是，在这个 75 人组成的搬运小组中，大约 8 个人中只有 1 人每天能搬运 47.5 长吨生铁。从内心讲，另外的 7 个人在体力上无法达到这一速度。但是，8 个人中的这 1 个人绝不比小组中的其他人高明多少，只是其凑巧属于公牛一样的工人——并非什么稀有人种，不因难找而价值连城。相反，这 1 个人是如此"愚蠢"，甚至不适合从事绝大多数其他体力活。因此，挑选工人并不是要去寻找一些特殊的人，而是从非常普通的人中挑选少数特别适宜从事这类工作的人。虽然在这个特定小组中，8 个人中只有 1 个人更适宜于搬运生铁，但是，要找到所需要的工人丝毫没有什么困难，可以从厂内或附近的村庄找到。

在"积极性加激励"的管理制度下，管理者的态度是把工作推给工人。在过时的管理模式下，这些经过适当自我选择、从事生铁搬运的工人会是怎样的呢？他们是否会把小组中的 7 个不合适的生铁搬运者赶走，而留下第 8 个人呢？绝不会！无论如何，他们也不能做出正确的自我选择。哪怕他们能充分认识到，为得到更多的工资，必须这样做，他们也不会做出这样的选择，更何况他们还没有聪明到能认识到这种必要性。有些原本并肩工作的朋友或兄弟可能因不适合生铁搬运而被暂时赶走，但是，这些人会竭力阻止他们做出正确的选择，会阻止把不适合生铁搬运的 7 个人赶走。

可想而知，在原来的管理模式下，没可能引导这些生铁搬运工（经过合理选择的）按照规律从事重体力工作，即工人没可能做到科学地制定作息制度。如前所述，通常管理模式下，最基本的是，每个工人在其所从事的行业上，比任何一个管理者都娴熟，所以，就需要由他们自己来确定完成每项工作的细节。你可能试图把工人一个个地交给一位称职的教师，由他把这些工人训练出新的工作习惯，直至他们能够习惯性地、自始至终地按照别人提出的规律工作。这个想法无疑会与原来的管理思路发生矛盾。原来的管理思路认为每个工人都长于确定其工作方式，此外，最胜任生铁搬运的工人实在太愚蠢了，以至于不能正确地自我培训。由此可见，在通常管理模式下，以科学替代单凭经验行事，科学地选择工人，并促使其按照科学规律办事是不可能的。原来的管理思路是把全部责任推给工人，而新的管理思路是管理者要承担大部分责任。

因为生铁搬运工每 8 个人中有 7 个人会被辞退，这将在绝大多数人中引起极大的同情。但是，这种同情完全是多余的，伯利恒钢铁公司会立即给他们中的几乎所有人安排其他工作。而且，把他们从其不适应的生铁搬运岗位上换下来，对其本人正是件好事。这是他们找到最适合自己工作的第一步。在新的工作岗位，经过适当的培训后，他们就可以永久、合理地得到更高的工资。

至此，读者可能会相信在搬运生铁的背后，确实存在着某种科学，但可能仍然会质疑，在别的工作上是否也有什么科学存在。撰写本书的主要目的之一就是要说服读者，使其相信：从每个工人的每项操作中，都可以归纳出科学规律来。为使读者相信这一事实，我将从手头掌握的数千个事例中，再举出若干简单事例加以说明。

例如，一般人会问：铲运这类工作也有什么科学吗？任何明智的本书读者，只要有意识地探索被叫作铲运科学的基础知识，那么，也许只需 15～20 个小时，便会毫无疑问地找到这种科学的本质所在。同时，单凭经验行事的观念根深蒂固，以至于我至今没见到一个负责铲运的工头说他曾发现有铲运科学。但是，这门科学确实存在着，这几乎是不证自明的。

对一个头等铲运工来说，应该有一个给定的每锹铲运量，即铲运负荷，据此，他每天可以完成最大的铲运量。那么，该铲运负荷是多少？每天，一个头等铲运工的铲运负荷是 5 磅、10 磅，还是 20 磅、25 磅、30 磅、40 磅？对这一问题，只有经过详细的实验才能找到答案。首先，选择两三个头等铲运工。他们干活儿让人信得过，所以可以支付给他们额外的工资。然后，逐渐改变铲运负荷，让实验人员仔细观察所引起的一切变化。实验进行数周时间。结果表明，一个头等铲运工的铲运负荷大致为 21 磅时，每天完成的铲运量最大。21 磅的铲运负荷比 24 磅或 18 磅的铲运负荷均可完成更多的每天铲运量。当然，不能要求每次的铲运负荷都是 21 磅。不过，即使每次的铲运负荷由于各种原因会有三四磅的差异，即铲运负荷比 21 磅高（或低）三四磅，但只要铲运工一天中平均铲运负荷为 21 磅左右，他每天就能完成最大的铲运量。

我并不希望人们认为这就是有关铲运的全部诀窍或规律。还有许多其他要素组合起来才构成这一科学。但我要指出的是，这一部分科学知识在铲运工作上起到了重要作用。

就伯利恒钢铁公司的铲运工作而言，作为这一规律的应用结果，不允许铲运工选择和保管自己的铁锹。因此，必须由工厂提供8～10种不同的铁锹。每种铁锹只适合铲运某一特定的物料。这不仅使工人每锹能够铲运大约21磅重的物料，而且，不同的铁锹可以满足不同的要求。（当把这项工作作为科学研究时，其无疑可为后续证明提供充分的证据。该公司建造了一个大型工具库，不仅用来存放铁锹，还用来存放诸如铁镐和铁锹之类的其他各种工具。）这样就可以给每个工人分发一把铁锹，使其不论铲运何种物料时，都能保证铲运负荷为21磅。例如，铲运矿石时，用小规格的铁锹；铲运灰土时，用大规格的铁锹。再如，铁矿石密度大，铲运时，以使用小锹为宜；煤屑容易滑落，且密度小，以使用大锹为宜。在调查伯利恒钢铁公司单凭经验的管理方法时，我们发现，每个铲运工都有自己的铁锹，既用来铲运铁矿石，又用来铲运煤屑。铲运铁矿石时，铲运负荷重达30磅，铲运煤屑时，铲运负荷还不到4磅。在第一种情况下，工人超负荷工作，以至于干不了一整天的活；而在后一种情况下，由于负荷低得荒唐可笑，显然绝不可能完成一天正常的工作量。

下面，简要说明构成铲运科学的一些其他要素。我们做了数千次秒表观察，来研究一个工人到底能干多快。在每种情况下，工人都使用合适的铁锹。他把铁锹插进物料堆，抽出时铁锹就有了一定的负荷。首先，观察他如何把铁锹插入物料堆体中；其次，观察他如何清理料底，即铲运物料堆的边缘部分；再次，观察他如何使用木锹；最后，观察他如何使用铁锹。此外，还要对工人以特定的水平距离和高度把物料抛送出去所需的时间做出精确测定。这种时间研究是通过多次调整距离和高度来进行的。有了这些数据以后，结合在生铁搬运例子中所描述的疲劳度规律，指导人员就可以帮助铲运工了。首先，教会他们以正确的方法，最有效地使用力气；其次，合理地为铲运工分配每天的铲运任务。一旦工人每天圆满地完成了铲运任务，他们就能得到更多的奖金。

当时，在伯利恒钢铁公司的工场上，大约有 600 名铲运工和其他工人从事铲运这一类工作。这些工人在长约两英里、宽约半英里的场地上分散作业。为使每位工人在开始每项新工作时都能领到合适的工具，得到正确的作业指南，该公司建立了一套详细的制度（很有必要）。这一制度取代了老一套的管理方法，即在少数领班的带领下，把工人们分成大的班组进行管理。当工人早上来上班时，他将从自己专有的文件架上取出两张纸来（在文件架的外面标有工人各自的工号）。其中，一张纸说明他将从工具库中领取什么样的工具以及在什么地方干活，另一张纸说明他前一天工作的完成情况，即对他前一天工作的评定意见。第二张纸上面还记载着他前一天挣了多少钱等事项。从事这类工作的工人中有许多是外国人，看不懂也写不好本国文字。但他们只需一瞥就可以知道这份工作报告的要点。黄颜色的单子说明他们没有圆满地完成前一天的工作任务，并告知他们当天没有挣到1.18美元。只有挣到高工资的工人才被允许永远地留在这个小组里。这进一步告诫他们，他们必须在第二天挣到全额工资。当工人取到白颜色的单子时，他们就知道，一切正常，而当工人取到黄颜色的单子时，就意味着他们必须努力了，否则，将会被调到别的工种去。

按照这种方式与单个工人打交道，就需要为负责这类工作的监工和办事员设立一个办公室。在这里，办事员提前安排好了每个工人的工作计划。每个工人均按照办事员的安排由一个工作地移动到另一个工作地。为此，办事员会提供详细的图表或地图。这种方式就如棋手在棋盘上移动棋子一样。另外，该公司建立了一套电话和通信系统，于是，彻底避免了因一个工作地工人过多，而另一个工作地工人过少而造成的窝工和时间浪费。在原来的制度下，工人日复一日地在一个相对庞大的班组里工作，每个班组设一个领班，在这个领班的带领下，不管某一具体工作任务是多少，班组规模均维持相对不变。管理者曾经片面地认为，不管将有什么新的工作任务到来，每个班组只有维持足够大的规模，才好开展工作。

当不再通过大班组或大集体与工人打交道，而是具体研究单个工人时，如果这个工人未完成任务，就要派一个称职的老师详细指导他，准确地告诉他如何才能把工作做得最好，引导、帮助并鼓励他。同时，分析他到底能不能当一个称职的工人。这样，在个性化管理工人的方式下，不会由于工人一次失职就武断地开除他，或降低其工资，而是给予其改进时间，并提供帮助，使其精通现有的工作。或者，如有更符合其体力和智力的工作，也可以把他调换到那些工作岗位去。

所有这些都要求管理者真诚合作，而且比起过时的把工人监管在大班组里的做法，更加需要建立一套严密的组织（制度）。在这种情况下，这一组织由下面几类人员构成：一类人员本身是熟练的工人，充当老师的角色，对工人的工作进行帮助和引导；另一类人员在工具库工作，他们负责为工人配备合适的工具，并使工具摆放有序；还有一类人员，他们对工作做出事先安排，以使工人能以最少的时间从一个工作地点转移到另一个工作地点，同时，要准确记录每个工人的收入等。这就可为管理者和工人之间的协作打下一个好的基础。

自然，就产生了这样的问题：建立这样一套严密的组织是否值得，即这样的一套组织是否使公司负担过重？表 2-1 展示了新的管理制度建立后第 3 年的工作成果，有力地回答了这一问题。

在表 2-1 中，每长吨低达 0.033 美元的费用包括办公室、工具库的费用和所有监工、工长、办事员和时间研究员的工资。

表　2-1

	原来的管理制度	新的管理制度（计件工资制）
裁减掉的工场上的工人数	400～600 人	140 人
每人每天完成的平均长吨数	16	59
每人每天平均所得	1.15 美元	1.88 美元
搬运 1 长吨（即 2 240 磅）的平均费用	0.072 美元	0.033 美元

　　照此计算，新的管理制度比原来的管理制度每年节约总计 3.6 万美元。当工厂的全部工作都改为计件工资制时，年节约额可达 7.5 万～8 万美元。

　　在所取得的全部成果中，也许最主要的是该制度在工人自身上所产生的效果。我们曾对工人的状况做了详尽的调查，结果表明，在 140 名工人中，据说只有两名是喝酒的。当然，这并不是说他们中的大多数一点酒都不喝，而是说，那些嗜酒者会发现，喝酒后，要按照预定的进度完成工作几乎不可能，所以他们在干活时，头脑要清醒。他们中的很多人（即使不是绝大多数人）在省钱，因此，他们都比以前生活得更好了。这是我所见到过的由挑选出来的工人组成的最优秀的集体。他们把主管和指导老师看成最好的朋友，而不看成强迫他们做苦工的工头和强迫他们超负荷劳动却只给一般工资的人。这些最好的朋友指导他们，帮助他们挣更多的工资。任何人都不可能在这些工人和其雇主之间挑起战争，这就为"同时实现雇主的财富最大化及雇员的财富最大化"提供了十分简单而又有说服力的例证。而这也正是管理的两个主要目的之所在。显然，应用科学管理的四个基本原则，是可以取得这样的结果的。

此后，我们又对影响工人日常工作的动机进行了有价值的研究。在这里，列举挫伤工人雄心和工作积极性的事例——这种情况一般发生在把工人监管在大班组里而不是对工人进行个别对待时。仔细分析一下就会明白，当把工人监管在大班组里时，其中，每个工人的劳动生产率非常低，原因就在于其雄心没有被激发出来。当工人在大班组里工作时，其劳动生产率几乎要降低到班组里最差工人的水平。把他们监管在大班组里，是在把他们往下拉，而不是提升。由此，伯利恒钢铁公司发布了一个总命令，未经总裁签署的特别许可（有效期只有一周），在一个班组里工作的工人不能超过4个。这就要求尽可能给每个工人安排一份适合他的工作。由于工厂约有5000个工人，总裁有太多的事情要做，以至于没有多少时间去签署这些特别许可。

大班组以这种方式土崩瓦解了，一个异常精干的矿砂铲运班随之形成，其成员均经过仔细挑选并得到了科学的个性化培训。其中，每人每天都会被指派到单独的一辆车上去卸料。所得工资取决于其完成的工作量，卸得最多的工人，拿到的工资最多。这是一个难得的机会，可说明个性化管理工人的重要性。大部分矿砂来自高湖地区，同样的矿砂用完全同样的车辆运输到匹兹堡和伯利恒钢铁公司。匹兹堡的矿砂装卸工短缺，听到伯利恒钢铁公司已组建成了优秀的铲运班组，一家匹兹堡的钢铁厂派了代理人来借用伯利恒钢铁公司的工人。从同样的车辆上卸料，用同样的铁锹，匹兹堡钢铁厂支付的卸料费是 4.9 美分 / 长吨，伯利恒钢铁公司则是支付 3.2 美分 / 长吨。仔细分析这种情况后可发现，在伯利恒钢铁公司，从车上每卸下一长吨矿砂，支付超过 3.2 美分是不明智的。因为，照此标准，伯利恒钢铁公司的工人每人每天所得将大大超过 1.85 美元，而 1.85 美元本身就比伯利恒钢铁公司周围地区的标准工资多不止 60%。

经过长期的系列实验，结合细致的观察，证明了这样的事实：应给具有这种能力的工人一项经过仔细核定的任务，且对他们来说，需要一整天时间才能干完。作为给工人所付出的特殊努力的回报，除支付其正常工资外，再给予不低于 60% 的工资。工资的增加使他们在各个方面发生了变化：更节约了，更善良了，日子过得更好了，开始攒钱了，更理智了，工作更踏实了。不过，也有不少人，当其工资的提升幅度远大于 60% 时，工作就变得不规律起来，多少变得偷懒、奢侈和放荡起来。换句话说，实验表明，对绝大多数工人来说，富裕得过快，不是什么好事。

因此，我们决定不给我们的矿砂铲运工涨工资。我们把这些工人叫到办公室进行个别谈话，对话大致如下。

"好的，帕特里克，在我们看来，你是个最有价值的人。你每天的收入已超过 1.85 美元，这就足以证明你正是我们铲运班组所需要的那种人。从匹兹堡来了一个人，他支付铲运矿砂的工资是 4.9 美分 / 长吨，而我们只能支付 3.2 美分 / 长吨。因此，我们想，你最好向那个人申请这份工作。你该知道，你离开这里，我们会感到非常遗憾。不过，你已足以证明你本人是个很有价值的人。你能找到一个赚更多钱的机会，我们十分高兴。只是记住，将来有一天失业了，你可以随时回到我们这里来。像你这样有价值的人，在我们的班组里，总会有份工作的。"

几乎所有的矿砂铲运工都得到这样的建议，然后去了匹兹堡。但也就大约 6 个星期的光景，他们中的绝大多数又回到了伯利恒钢铁公司，以原来 3.2 美分 / 长吨的工资装卸矿砂。他们回来后，我和其中的一个做了如下交谈。

　　"帕特里克，怎么回来啦？我还以为我们已经失去了你。"

　　"噢，先生，我来告诉你是怎么回事儿吧。到那儿以后，我和吉米连同另外 8 个人被分配到同一节车厢干活。正像在这儿一样，我们开始铲铁砂。大约半个小时后，我注意到身边的一个小恶棍几乎什么活都没干。我就对他说，'你为什么不干活？如果不把这些矿砂从车上卸下来，到发工资的日子，我们就没什么钱可拿'。他转过身来冲我说，'你管得着吗！你别多管闲事，要不我就把你扔下车去'。我真想用唾沫啐他，恨不得淹死这家伙，但其他所有人都撂下了铁锹，看样子在支持他。于是，我绕道走到吉米那里，并大声说，以便整个班组都能听到，'好吧，吉米，那个小恶棍铲一锹，你我也铲一锹，多一锹也不干'。于是，我就盯着他，只有他铲，我们才铲。发工资的时候到了，结果，我们的收入反倒比在伯利恒钢铁公司时还要少。之后，我和吉米到老板那里，要他单独给我们一节车厢，在伯利恒钢铁公司时我们就是这样做的。但是，他要我们别管闲事。这样，到了下一个发工资的日子，我们的收入还是比在伯利恒时少。于是，我就把我们过去班组的人召集起来，把他们全都带了回来。"

每个人为自己干活，工资标准为 3.2 美分 / 长吨；在大班组里干活，工资标准为 4.9 美分 / 长吨。比较起来，在第一种情况下，工人挣的工资反而比在后一种情况下的多！这再次表明，哪怕是按照最基本的科学原则办事，也能取得巨大的成果。而且也表明，要正确地运用这些原则，管理者在与工人协作方面必须尽到其职责。匹兹堡的管理者懂得伯利恒钢铁公司是如何取得这些成果的，但是，他们不愿意干那些琐碎的麻烦事：不愿意花钱做工作计划，不愿意为每一个铲运工分配一节车厢，不愿意记录每个工人的工作成果，不愿意按劳付酬，等等。

砌砖是一种最古老的行业。数百年来，在这一行业所使用的工具和原料方面，很少或根本没有什么改进。事实上，在砌砖方法上也没有什么改进。尽管有上百万人从事这一行业，但多少代人都没有对其进行大的改进。因此，在这个行业中，人们期待着对其进行科学分析和研究，哪怕能实现一点点改进也好。我们协会的成员之一，弗兰克·B. 吉尔布雷斯（Frank B. Gilbreth）先生年轻时就研究过砌砖，当他对科学管理原理产生了兴趣，便决定把这一原理应用到砌砖工艺中。他饶有兴趣且认真地分析和研究了砌砖过程中的每一个动作。把所有不必要的动作一个个地排除掉，用快捷的动作代替缓慢的动作，对以各种方式影响砌砖工工作速度和疲劳程度的每个细节，他都进行了实验。

考虑到墙、灰浆箱和砖堆的位置，他确定了砌砖工每只脚应该站立的精确位置。这样，砌砖工不必每砌一块砖就要在砖堆之间来回移动一两步的距离。

他还研究出放置灰浆箱和砖堆的位置。他设计了一个脚手架，上面铺上平板，所有的材料都放置在上面，从而使砖、灰浆箱、砌砖工和墙四者之间处于相对合适的位置。这些脚手架由专门人员来管理。当墙升高，专门人员就为所有砌砖工调高脚手架。这样，砌砖工就不至于为取一块砖或一刀灰浆而俯下身到脚面处，然后再直起身来砌砖。长年累月，体重约 140 斤[⊖]的砌砖工每砌一块砖（重约 4 斤），都要俯下身到双脚位置，然后再直起身。这种动作每天可是要做上千次啊！

另一项研究的成果是，在砖块从车上卸下运给砌砖工之前，先由一名工人仔细分类整理，并使这些砖块最平整的一面向上。砖被搁在一个简易的木制框架中，制作这种框架时要保证能让砌砖工在最短的时间里从最便利的位置上抓到每一块砖。这样一来，他就不需要再将每块砖翻过来倒过去地检查，也不用再花时间去选择砖的哪面最平整。最平整的一面要砌在墙的外面。多数情况下，他再也不用花时间去清理堆在脚手架上散乱的砖块。这个"砖块包"（吉尔布雷斯先生对装砖块的木制框架的称呼）由辅助工放在可调整高度的脚手架的合适位置，靠近灰浆箱。

我们都看到过，砌砖工把每块砖放到灰浆床后，总是要用泥刀的末端在砖上敲打几下，直至接缝处的厚度合适。吉尔布雷斯先生发现，只要把灰浆调得稀稠正好，那么放上砖

⊖　1 斤＝0.5 千克。

后，只需用手往下压一下，砖就能达到合适的位置。因此，他强调灰浆调和工在调和灰浆时要特别注意，以便节约砌砖工敲打砖块的时间。

吉尔布雷斯先生在仔细研究砌砖工在标准条件下砌砖的动作后，把砌每块砖的动作由 18 个压缩为 5 个。而在某种情况下，甚至可以减少到只用 2 个动作。在他的标题为《砌砖方法》一书的"动作研究"一章里，他就砌砖这一行业的动作进行了详细的分析。该书由纽约和芝加哥迈伦·C. 克拉克出版公司与伦敦 E. F. N. 斯邦出版公司出版。

现在看一下，吉尔布雷斯先生是如何把砌砖工的动作从 18 个压缩到 5 个的。他通过以下三种不同的方法实现了这一改进。

第一，他完全消除了经仔细研究和实验证明没有什么用处的动作。之前，砌砖工认为这些动作是必要的。

第二，他设计了一些简易工具，例如，可调整高度的脚手架和放置砖块的框架。借助这些工具，只需一名廉价的辅助工做一些配合，就可省去砌砖工大量繁重而又费时的动作，而这些动作在没有配置脚手架和框架时都是必需的。

第三，他教会砌砖工在做简单动作时，要双手并用。而在以前，他们总是在用右手做完一个动作后，再用左手去做另一个动作。

例如，吉尔布雷斯先生教砌砖工在用左手拣起一块砖的同时，右手铲起一泥刀灰浆。当然，双手同时操作之所以可以实现，前提是用一个较深的灰浆箱替代了原来的灰浆板（上面的灰浆摊得很薄，要取到灰浆需要向前挪动一两步），灰浆箱和砖堆挨近了，并且是放在高度适中的新的脚手架上。

吉尔布雷斯先生做出的这三个方面的改进有其普遍意义。因此，在任何一个行业，应用吉尔布雷斯先生称之为时间研究或我称之为工作研究的方法，就可以把那些不必要的动作完全消除，用较快的动作代替较慢的动作。

绝大多数有实践经验的人（几乎所有的工人都反对对他们的方法和习惯做任何改动）对这类研究实际上可能取得的成果表示怀疑。吉尔布雷斯先生报告说，几个月前，他指导盖起了一幢砖结构建筑物。他将以此为例，从工业规模上去证明，由于应用了他的科学研究成果，实际取得了巨大的收益：要求砌砖工会的砌砖工用两种砖，砌一堵约30厘米厚的墙，在墙两面砖的接缝处要抹灰浆并划线。吉尔布雷斯先生计算了一下，一批经他挑选并掌握了他的新方法的工人，每人每小时能砌 350 块砖；而那个区域的工人用原来的方法平均只能每人每小时砌 120 块砖。班组长教给砌砖工吉尔布雷斯先生的这些新方法，如果哪位工人经过培训仍然不得要领，即予解雇。而那些按照新方法培训变得熟练的工人，工资会大幅度（绝非小额）增加。为促进工人个性化发展，并鼓励每个人最大限度地发挥能力，吉尔布雷斯先生还提出了一套精巧的方法，用以测量和记录每人砌砖的数量，并经常在工间休息时告诉每个工人他已完成的砌砖量。

只需把这一工作和我们某些领导无方的砌砖工会的专制情况做一比较，就可看到大量劳动力正在白白地被浪费。在一个国外城市，对这种工作，砌砖工会对其会员规定如下：如果为市政公司工作，每人每天砌 275 块砖；如果为私营公司工作，每人每天砌 375 块砖。这个工会的会员可能还会由衷地相信，这种工作量的限制有利于他们的行业。但他们应当知道，这种有意识的"磨洋工"几乎就是犯罪。而这样做的不可避免的后果是，每个家庭要付出更高的房租，最后，该行业及工作将被逐出而不是被带进他们的城市。

这一行业早在公元前就已存在，并存续到现在，为什么直到今天其所使用的工具实际上仍没有什么变化？为什么简化砌砖动作并由此取得巨额收益这样的事情就不能发生在以前？

多少年来，单个的砌砖工完全有可能认识到消除这些不必要动作的可能性。然而，在过去，即使某个砌砖工"发明"了吉尔布雷斯先生所做的每项革新，他也很难通过这些革新而单独提高其速度。注意，在所有情况下，都是数个砌砖工在一排作业，建筑物四周的墙必须以同样的速度往上砌。所以，任何一个砌砖工都不能比挨着他的同伴砌得更快些，也没有哪一个砌砖工有权力让其他人与自己协作更快地干活。只有通过实施"强制性"的标准方法，"强制性"地采用最好的工具和操作条件并实施"强制性"的协作，才能保证工人以更快的速度来操作，而实施各项标准和协作的职责完全在"管理者"自己。"管理者"必须不断提供一位或更多的老师，为每个新工人讲述新的更简捷的动作；必须经常注意到干得慢的那些工人，不断地帮助他们，直到他们的速度达到规定要求。"管理者"要解雇那些经过适当指导后仍不想或不能按照新方法以较高速度工作的工人。当然，"管理者"必须认识到，除非工人能得到额外的收入，否则，他们就不会按照这些严格的标准更卖力地工作。

所有这一切，意味着对工人要区别对待，进行个别研究。在过去，"管理者"则是把他们放在一个大班组里一同对待。

"管理者"还必须注意到那些辅助工的工作。他们为砌砖工准备砖块、灰浆、调整脚手架等。要保证他们把工作干得恰到好处，和砌砖工保持密切协作，并且总是在工间休息时间提醒砌砖工砌砖进度，以免其不经意掉队。因此，应该看到，正是管理者承担起了原来不曾承担的新的职责和新的工作，才使这种革新取得了巨大成果。而且，如果没有管理者的帮助，工人即使全部掌握了这些新方法，有最良好的愿望，也不可能取得惊人的成就。

吉尔布雷斯先生的砌砖方法为真正有效的协作提供了一个简明的例证。不是那种以所有的工人作为一个整体的方式和管理者进行协作，而是一些管理者（每人以他个人的特殊方式）对每个工人进行个别帮助——一方面，管理者这是为了研究工人的需要和缺点，并把多快好省的方法教给他；另一方面，对所接触的其他所有工人，管理者要认识到这些工人能帮助他，并和他协作，即他们能以多快好省地完成自己的工作的方式来和他协作。

　　我之所以如此详细地阐述吉尔布雷斯先生的方法，是为了更充分地说明，这种劳动生产率的提高和工作的协调，在"积极性加激励"的管理制度下（把问题推给工人并让工人去单独解决）是不可能实现的。那种制度之中的是过时的管理思路。吉尔布雷斯先生的成功就在于应用了构成科学管理本质的以下四个要素。

　　第一，形成砌砖科学（由管理者承担而非工人），包括每个工人动作的严格规则以及所有工具和作业条件的完善化与标准化。

　　第二，精心地挑选砌砖工人，并把他们培训成头等工人。解雇所有不愿或不能采用新方法的工人。

　　第三，通过管理者的经常帮助和关注，每天付给工人一大笔奖金（由于其进度快并按照规定行事），把头等砌砖工和砌砖科学结合起来。

　　第四，工人和管理者之间在工作和责任上几乎是均分的。管理者几乎整天都和工人工作在一起，帮助工人，鼓励工人，为他们提供方便。而在过去，管理者只是站在一旁，很少给工人以什么帮助，把方法、工具、进度以及密切协作等几乎全部的责任都推给工人。

这四个要素中，第一个（砌砖科学的形成）是最有趣、最引人入胜的。不过，其他三个也都是取得成功所必需的。

切记，在运用各个要素进行指挥时，还必须有乐观、坚毅和能刻苦工作的领袖人物。他既有耐心，又善于工作。

在大多数情况下（特别是当所从事的工作本身比较复杂时），"创建科学"在科学管理的四个要素中是最重要的。可是，某些例子中，"科学地选择工人"却比其他要素更为重要。

检验自行车的钢珠是一项简单而不同寻常的工作。通过这项工作，可以例证上述说法。

几年前，自行车盛行一时，工厂每年要用到数百万由坚硬钢材制成的小钢珠，用来制造轴承。在制造钢珠的 20 多道操作中，最重要的也许是检验钢珠，即在磨圆钢珠后检查出全部有裂纹或有其他缺陷的钢珠，以保证装盒的钢珠都是合格的。

在美国最大的自行车钢珠制造厂，我承担了该工厂的组织建设工作。在实施组织重构之前，该工厂已按照通常的白班制度运行了 8～10 年的时间。可以说，在这里检验钢珠的 120 个年轻女工早已是"老手"，而且精通业务。

即使是最基本的工作，要想较快地将其从原来工人每天独自工作的方式转换为科学的合作也是不可能的。

可是，在大多数情况下，确实存在工作条件不完美的现象。改进这些工作条件，立刻就可为各个方面带来利益。

在本例中，检验员（这些年轻女工）每天工作 10.5 个小时，周六休息半天。

她们是这样完成这项工作的：把一排磨圆后的小钢珠放在左手的手背上，让小钢珠在两根紧挨在一起的手指的缝隙之间来回滚动，在强光的照射下仔细检查这些钢珠，借助右手拿住的磁铁，拣出有缺陷的钢珠，并把它们扔进一个专门的盒子里。要检查出的缺陷共有四种：有凹痕、硬度不够、有擦痕以及有裂纹。这些缺陷均非常细微，以至于若不对工人进行特殊训练，她们用肉眼很难看出。因此，她们的注意力要非常集中。从而，哪怕她们的座位非常舒适，在体力上不致劳累，也要关注她们的神经紧张程度。

一项"极不经意"的研究显示，因为工作时间太长，在本来 10.5 个小时的工作时间中，很大一部分时间被浪费在"闲散"上。

看来，最基本的常识性问题倒成了关键所在，那就是要安排好工作时间，确实保证工人"工作时间工作，玩耍时间玩耍"，而不是把两者混在一起。

因此，我们决定缩短工作时间。而这一决定是在桑福德·E. 汤普森先生来之前做出的。桑福德·E. 汤普森先生对整个过程进行了系统的研究。

做出上述决定后，我通知那位负责检验的老工长挨个找优秀的、有影响力的年轻女工谈话。然后劝告她们，可以在 10 个小时内干完 10.5 个小时的工作任务，并告诉每个年轻女工这样做是为了把工作时间缩短到 10 个小时，而她们仍然可以得到原来工作 10.5 个小时所挣到的工资。

我决定由这些年轻女工来投票表决是否采用新的工作制度。我认为这个决定是理智的，同时多少展示了我的才智。可是，这一决定未得到响应。结果，这些年轻的女工一致认为每天工作 10.5 个小时挺好，她们不需要任何革新。

这件事情就这样不了了之。几个月后，完全不再考虑是否理智，我们强制性地一步步把工作时间缩短到 10 个小时、9.5 个小时、9 个小时和 8.5 个小时（每天的工资不变）。每一次工作时间的缩短，女工所完成的任务量都增加了，而不是减少。我们在这个部门中所做的，从原来方法到科学方法的转换是在桑福德·E.汤普森先生的指导下进行的，而且得到了总裁 H.L.高特先生的支持。桑福德·E.汤普森先生也许是美国动作和时间研究领域最有经验的专家。

我们大学的心理学系，经常做一种实验，用来确定受试人员的"个人系数"。实验如下：突然把某些物体，例如字母 A 或 B，移到受试人员视线的一定范围内。当他认出该字母时，就必须立刻做一些指定的动作，例如按动一特定的电源按钮。精密的科学仪器会准确地把从字母移到他的视线到他开始执行特定动作之间的时间间隔记录下来。

这一实验最终表明，不同人的"个人系数"存在很大区别。有些人天生就具有异乎寻常的快速感知能力，对刺激反应迅速，几乎即时就可把信息从眼睛传送到大脑，大脑则快速做出反应，把适当的信息传递到手。

上述这类人的"个人系数"低，而那些感知能力低，对刺激反应迟缓的人，"个人系数"高。

桑福德·E.汤普森先生很快认识到，对自行车钢珠检验员而言，最重要的是"个人系数"要低。当然，通常所要求的耐力和勤奋也是必需的。

于是，无论从这些女工自己的最终利益还是从工厂的利益来考虑，辞退那些缺乏低"个人系数"的年轻女工都是必要的。不幸的是，这导致了很多最聪明、最勤奋、最正直的年轻女工仅仅因为感知能力低、对刺激的反应迟缓而被解雇。

在逐批选择年轻女工的同时，我们实施了其他变革。

在此过程中需要防范的风险之一是，当根据所完成的工作量支付男工和女工的工资时，追求数量可能导致质量下降。

因此，在任何情况下，都必须采取确切的步骤来防止质量下降——这种情况往往发生在为增加数量而做出改进的时候。

质量对这些特别的年轻女工的工作来说最为关键。她们的职责就是要挑出全部有缺陷的钢珠。

所以，第一步是保证一旦她们玩忽职守就能被发现。这一点可通过重复检验的措施来实现。从每四个最正直的年轻女工中选出一个，每天由她来检验一大批钢珠，这些钢珠由某一个普通的检验员在前一天检验过。工长会改变要进行检验的钢珠编号，以保证执行重复检验工作的检验员不知道她们检验的是谁的工作。此外，把一个工作结果特别精确，为人又特别正直的检验员选为首席检验员。从每四个执行重复检验的检验员中抽出一个，由其检验过的钢珠再在第二天由首席检查员进行检验。

为检查重复检验员是否诚实和其所完成工作的精度，我们采取了一种有效的办法，即每两三天，由工长特别准备好一大批钢珠，他计算出这批钢珠中完好钢珠的确切数量，并记录每类缺陷钢珠的数量。而无论采取什么方式，检验员也好，重复检验员也好，都不可能从正常生产批次的产品中识别出这批特别准备的钢珠。通过这种方式，可以解雇所有试图消极怠工或给出错误报告的工人。

通过这种方式，在确保质量不下降的前提下，该工厂立即有了有效的方法来增加产量——经过改进的工作方式取代了原来漫不经心的工作方式。每天，我们把每个检验员所完成的工作量和质量情况精确地记录下来，以便预防来自工长方面的任何偏颇，确保对每个检验员是公正无私的。在较短的时间内，通过这一记录，该工厂激起了所有检验员的雄心，提高了那些完成任务又好又多的检验员的工资。同时，减少了那些完成任务不好的检验员的工资，开除了那些既慢又粗心大意而且不思悔改的检验员。然后，我们仔细测算了每个年轻女工所花费的时间。借助秒表、记录表格，我们进行了精确的时间研究，确定了各种检验所需时间。为使每个年轻女工又好又快地完成任务，我们为她们提供了最合适的工作条件。同时，避免给她们布置太繁重的任务，防止因过度劳累和疲惫而造成的危害。调查结果表明，这些年轻的女工把很多时间花在发呆、闲聊等事上，只有一半的时间在工作，有时其实什么都没做。

仔细观察后我们发现，在工作时间从 10.5 个小时缩短到 8.5 个小时时，当工人连续不断地工作 1.5 个小时后，她们会变得紧张不安起来。显然，她们需要休息。明智的做法是在过度疲劳刚要到来时停止工作。因此，每隔 1 小时 15 分钟，我们就安排她们休息 10 分钟。在休息时间（上午和下午各两次），强迫她们停下工作，并鼓励她们离开座位，通过四处走动和闲聊等方式进行彻底休整。

无疑，对于这一点，一些人会说，这些年轻女工被残酷地对待了——她们被安排坐得太远，以至于在工作时间交谈不方便。

可是，通过缩短工作时间并提供迄今我们所知的最良好的工作条件，可使她们真正稳定地工作，而不是故作姿态。

也只有经过了组织重构的这一阶段之后，才能采取最后的步骤，以确保她们得到了最想得到的高工资，管理者得到了最想得到的最大产出和最优质工作，即意味着实现了"较低的劳动力成本"。在这一阶段，要完成以下工作。首先，适当地选择年轻女工。其次，采取措施防止这些年轻女工过度疲劳。再次，消除任何蔑视她们的想法，为她们创造最良好的工作条件。最后，每天给每个年轻女工合适的工作量，该工作量经过仔细测定，是一个称职的工人一天能完成的最大产量。同时，只要她们完成这一任务，就支付她们相当数量的补贴和奖金。

在此过程中，我们通过建立所谓的差额计件工资制来实现最后这一点。⊖在这一工资制度下，根据每个年轻女工所完成的产量来相应增加其工资。对工作质量好的，相应地，增加工资的幅度更大。

读者将看到，差别工资（重复检验员检验的批量构成差别工资的基数）带来了产量的巨大增加，同时，带来了质量的显著改进。

我们发现，要使她们最出色地完成任务，有必要每隔一个小时就计量一次每个年轻女工所完成的产量。对每个被发

⊖ 参见本人在美国机械工程师协会会议上宣读的论文——《计件工资制》（Vol. XⅥ，p.856）。

现滞后的年轻女工，为她指派一名老师，帮她找到问题的原因，坦率地告诉这位年轻女工，鼓励并帮助她赶上去。

所有对人的管理特别感兴趣的人，都应意识到，在钢珠质量检验背后存在着一般的原理。

奖励可以起到激励工人的作用，而要想有效地激励工人竭尽全力地工作，奖励就应该在任务完成后立即兑现。试想，工人经过了长达一周甚至一个月的努力工作，而只在最后才受到奖励，那么几乎没有哪个工人能够继续保持进步。

一般工人一定要计算他所完成的工作量，并清楚地知道如果他把工作做到最好，一天能得到多少报酬。对只受过初级教育的检查自行车钢珠的这些年轻女工或"孩子们"，应该以来自领导的个人关怀或切实看得见的报酬等形式给予其鼓励。而且，鼓励应尽可能在工作每一小时后给出。

股份制或者分红制公司通过出售股票给员工或者以年底给员工分红等形式来激励员工努力工作，但是收效甚微，根本原因之一就是未能给予及时奖励。

闲散，干活儿不紧不慢，当天过得挺好；整天艰苦工作，但能在 6 个月后与其他人分享一定的报酬。前者起到的激励作用将远比后者有效。分红制方案收效甚微的第二个原因是公司没有设计一个组织结构。在此结构之下，公司给各个员工提供了实现其个人雄心壮志的自由空间。比起一般的福利，个人的雄心壮志一定并将永远起到强大的激励作用，可促使员工竭尽全力地工作。在股份制下，少数被放错岗位、无所事事却与别人分享同样利润的懒散者，必定会把优秀的员工拖下水。

在合伙制方案下，另一个难以克服的困难是红利均等。事实是，员工期待着分享利润，却无法或不愿承担亏损。此外，在很多情况下，由他们来分享利润或承担亏损既不合理也不公平。在很大程度上，因为限于其影响和能力，以及其不作为，所以，不能由他们来分享利润或承担亏损。

让我们回到这些年轻女工检验自行车钢珠的例子上来。整个变革所取得的成果是：32 名年轻女工完成了以前 120 名年轻女工所完成的工作！高速度工作下的检验准确率比原来低速度下的检验准确率高 2/3！

这些年轻女工所得到的好处有以下几个。

第一，工资比原来高出 80%～100%。

第二，工作时间从原来每天的 10.5 个小时缩短到 8.5 个小时，周六还有半天的休息时间。而且，每天她们都可得到合理安排的 4 次休整时间，这让一个健康的女工不会超负荷工作。

第三，感觉到了来自管理者的特别关怀和照顾。而且，无论遇到什么难题，她们总有可以依靠的帮忙者和老师。

第四，每个月享有两整天的带薪休假时间，而且时间可由她们自己选择。（尽管不敢太确定，但在我印象中，这些年轻女工早已拥有这一特权。）

工厂从这些变革中得到的利益有以下几个。

第一，产品质量持续改进。

第二，尽管增加了办事人员、老师、时间研究人员、重复检验人员等人的薪酬，而且支付了工人更高的工资，但实际上，检验成本降低了。

第三，在管理者和工人之间建立了良好的关系，从而减少了各种劳动纠纷，避免了罢工。

这些成果是通过众多变革而取得的，例如用良好的工作条件代替恶劣的工作条件。应该认识到的是，比起其他因素来，有一个因素更为重要，那就是仔细地挑选那些具有快速感知能力的年轻女工，用她们取代那些感知能力弱的年轻女工——用个人系数低的年轻女工取代那些个人系数高的年轻女工，此即科学地选择工人。

到此为止，我有意识地把所举实例集中在一些较简单的工种上。因此，读者中一定会有人存在强烈的疑问：这种协作在比较聪明的技工那里，也是可行的吗？换句话说，那些更善于做出判断的工人，出于自己的意志，能否选择更科学、更完善的方法？下面将例证：在更高级的工种中，要形成的科学规律十分深奥，工资级别高的工人在探索这些规律，并加以选择、发展以及培养自身按这些规律办事时，更需要（甚于工资级别低的工人）比其受过更高等级教育的人的协作。这些实例十分清楚地说明了原先的假想：在所有的工艺技术上，作为每个工人行为基础的科学是如此之深奥，以至于即使其胜任所从事的实际工作，由于缺乏教育或智力不够高，也理解不了这一科学。

例如，也许在绝大多数读者头脑里会存在这样的疑问：在一种情况下（企业年复一年地大量生产同样的机器，在这样的生产过程中，每个工人不断重复进行有限的一组操作），每个工人的智能以及他从班组长那里不时得到的帮助，难道就不能形成一种先进的方法和个人技能（尽管还不能对此进行科学研究），从而实实在在地提高工作效率吗？

　　许多年前，有一家雇用了约 300 个工人的工厂，制造同
一种机器已达 10～15 年之久。他们找我去做报告，看看引进
科学管理能否给工厂带来一些收益。工厂的厂长很敬业，下
属的班组长和工人也很优秀，他们采取的是计件工资制，已
经实行了好多年。比起全国的平均水平，这个工厂的条件无
疑是较好的。当厂长听说如果实施一种新的作业管理，即使
使用和目前一样多的工人和机器，产量也会翻一番甚至还要
多时，他显然并不相信。虽然他说他认为这类说法是夸张之
辞、欺人之谈，不会增强他的信心，并说这种轻率的言辞只
会让他感到憎恶，但他还是欣然同意我们进行实验。他选出
一台他认为能代表车间平均产量的机器，让我们用这台机器
去证明，通过科学方法可以使产量翻一番。

　　他选择的这台机器公正地代表了工厂的水平。在过去的
10～12 年间，它一直由一个头等技工操作。在这个企业里，
该技工的技能比其他工人要高。在这样的工厂里，不断地重
复生产同样的机器，工种必须得详细地细分，所以，每个工
人每年要做的工作都局限于少量几种零部件上。在双方都在
场的情况下，我们详细记录了这个技工完成每个部件的实际
所用时间，即详细记录了包括完成每个零部件、送料、调整

和拆卸机器等时间在内的全部作业时间。用这种方法得到各项数据之后，我们就这个工厂所能完成的工作的真正水平写了一份报告，把科学管理原理运用到了这台机器上。

我们使用了4把经过精心制作的计算尺，目的是确定金属切割机的全能工作量。具体办法是详细分析这台机器的每个单元和正在进行的工作之间的关系。利用计算尺确定机器以各种速度运转的拉力、吃刀量和合适的速度是多少，间或调整中间轴和推动滑轮，以使机器按照适当的速度运转。在此过程中，我们对用高速钢做成的形态各异的各种工具进行适当的修正、处理和打磨（值得注意的是，我们在研究过程中使用了该工厂以前普遍使用的高速钢）。我们制作了一把巨大的、特殊的计算尺，用以测算精确的速度和吃刀量，以尽可能在最短的时间内完成在这台特殊的机器上要加工的任务。按照这个方法准备后，我们要求工人依照新方法进行操作，一件件工作在这台机器上完成了。对比我们早期所进行的实验并让工人按照科学原则操作机器，在作业速度上所收到的收益，最慢的也比原来快 2.5 倍，最快的则高达 9 倍。

在所实施的从单凭经验的管理方法到现代科学管理的变革中，我们不仅仅研究工作的合理速度，从而对工厂的工具、设备等进行改造，更重要的是使工厂的全体工人在对待他们的工作和雇主的态度上完全改变了。为保证取得巨大的收益，对机器所必须进行的实质性改进，以及同时进行的用秒表对每个工人工作所需要时间进行细致观察，都是比较容易完成的。但是，要改变 300 多个工人的精神状态和习惯，却只能慢慢地经过长时间有目的的直观教学才能实现。直观教学最终可让每个工人明白，只要他们每天在工作上和管理者全心全意地协作，他们就能得到很大的好处。三年间，在这个工厂，每个工人（每台机器）的产量都翻了一番还要多。工人都是经过仔细挑选的，在几乎所有情况下，工人从低级别向高级别逐步得到提升。这些工人的老师（职能领班）给他们说明，他们可以比以前挣更多的工资——每人每天所得工资平均增加了 35%。同时，为完成一定数量的任务所支付的工资总额却比以前少了。加快工作速度就是要以最快的手工作业方法代替原来单凭经验行事的过时方法，并对每个工人的手工作业进行细致的分析（所谓手工作业是指这些作业的完成情况取决于工人手工的灵巧和速度，而与机器的作业无关）。在许多情况下，科学的手工作业所节约的时间甚至比机器作业所节约的时间还要多。

在研究了金属切割工艺以后，利用一把计算尺，一个经过科学培训的工人，比起那些已在这台机器上工作满10～12年的优秀技工来，速度要快2.5～9倍，即使这些工人在以前从未见到过这些工作，不曾操作过这台机器，也是这样。这究竟是为什么？看来，对此加以充分说明就非常重要了。总之，操作速度之所以能增加这么多，是因为金属切割工艺涉及一门重大的、真正的科学。事实上，这门科学十分深奥，以至于如果得不到以此为专业的人们的协助，任何技工都无法弄清其含义，或按照这一科学规律办事，哪怕他年复一年地操作这台机器也是如此。不熟悉工厂工作的人倾向于把制作每一个部件看作一个个特殊的工作，与其他机械加工无关。例如，他们认为，需要专门研究与制作一系列引擎部件有关的工作。这些问题和在制作机床与刨床部件时所遇到的问题截然不同，但是，比起对金属切割工艺或科学的一般研究（有了这门知识，人们就有能力去真正、快速地从事各种各样的机械加工），研究引擎部件或机床部件的专门问题是无关紧要的。

真正的问题是如何尽快地从一个铸件或锻件上清除切屑，如何在最短时间内把这个铸件或锻件制作得既光滑又精确，至于所制作的这个铸件究竟是一台船用发动机、印刷机或汽车的部件则无关紧要。正是由于这个道理，对于既会使用计算尺又懂得金属切割科学的工人，尽管他以前从未接触过这项特殊的工作，却完全可以远远超过那些长年累月专门制作这种机器部件的熟练技工。

事实是，无论何时，当聪明而又有教养的工人发现对机械工艺进行任何改进的职责落在他们身上，而不是在那些在该行业进行实际操作的工人身上时，他们几乎总会走上发展一门科学的道路。而这种事在过去只是停留在单纯的经验或传统知识上。当教育赋予人们以概括事物的习惯后，人们在探索各种规律时会发现，各行各业都面临着许许多多的问题，这些问题都有相似之处。这样，他们就必然把这些问题按照逻辑性归结成若干类别，并探索某些一般的规律或原则，以引导他们去找到解决问题的办法。如前所述，"积极性加激励"的管理方法的根本原则或这套管理方法的根本做法，必然是把一切问题都留给工人自己去解决，而科学管理的原理则把这些问题交给管理者。若工人每天的全部时间都花费在他的双手操作上，那么即使受过必要的教育，有归纳、整理、认识问题的习惯，他也没有时间或机会去发展一门科学。例如，工时研究就需要两个人协作：一个人进行操作，另一个人用秒表测时。即使这个工人会发现什么规律（以前单凭经验获得的知识），由于其自身利益的驱使，他几乎不可避免地会对所发现的规律严加保密。这样，他就可以利用个人的这种专有知识，比别人多完成任务，多拿工资。

在科学管理下，从事管理工作的人员有责任并且有兴趣去发现规律，以代替过时的经验，还会公正无私地教会他们下属的全部工人以最快捷的办法去完成任务。由于运用这些规律而取得的成效非常可观，以至于任何公司都能承担得起为发展这些规律所需的时间和实验费用。这样，在科学管理下，实实在在的科学知识迟早会替代过时的经验。要在过时的管理制度下，按照科学规律办事是不可能的。

金属切割工艺或科学的形成，正是说明这种事实的一个恰当例子。1880年秋季，也就在我们开始做上述实验的时候，征得米德韦尔钢铁公司总裁威廉·塞勒先生的同意后，我们进行了一系列实验，以测定在切割钢材时所使用工具的最佳角度和形状，同时，测定切割钢材的恰当速度。在开始这些实验的时候，他相信实验不会超过6个月。事实上，如果事先知道实验会比所需要的时间更长的话，那么我们就不可能得到这样一大笔资金支持。

做这些实验所用的第一台机器是直径达 66 英寸[⊖]的立式镗床，我们用相同质量的硬钢制作大件机车的轮箍，日复一日地进行切割，从中逐渐掌握怎样制作、成型和使用切割工具可使工作完成得更快。6 个月后，得到的实际信息已足够多，收益远远大于实验中花费在物料和工资上的费用。所做的这点儿实验已足以说明，所得到的实际知识还只是尚待发展的知识的一小部分。在我们平时试图指导和帮助技工去完成任务时，这一小部分知识，正是我们所急需的。

这方面的实验持续进行了大约 26 年，有时偶尔中断过。有 10 台不同的实验机器是专门为此而配备的。我们详细记录了 3 万～5 万次实验，还做了许多其他实验，但对之没做记录。为了研究其中的规律，我们用实验机器把重量超过 80 万磅的钢铁切成了碎屑。据估计，这一实验花费了 15 万～20 万美元。

类似这种性质的工作，随便哪位对科学研究有点认识的人都会十分感兴趣。然而，就撰写本书的目的而言，读者应

⊖　1 英寸 = 0.0254 米。

充分认识到，我们之所以能获得使这些实验得以连续进行多年的动力，并得到实验资金和机会，并不是为了抽象地探索科学知识，而是为了十分现实的事实，那就是我们还缺乏每天工作所需要的信息，而这些信息是为协助技工以最佳的方法和最快的速度完成任务所必需的。

我们所做的所有这些实验有助于正确地回答以下两个问题，它们是每个技工在一台诸如车床、刨床、钻床或铣床等金属切割机上操作时都会遇到的。这两个问题是：

（1）为能在最快的时间里完成工作，机器上的切削速度应该多快才算合适？

（2）吃刀量是多少？

这两个问题看起来十分简单，任何一个受过培训的优秀技工都能答上来。但事实上，在经过26年的工作后，我们发现在每种情况下，这类问题都涉及求解一个复杂的数学问题。其中，必须确定12个独立变量的影响。

以下12个变量中的每一个变量都对问题的解决有着重要影响。每个标注的变量代表某个因素对切割速度的影响。例如，所引入的第一个变量（A）："中等硬度钢或冷铸钢与一种很软的低碳钢的比例是1∶100。"这一关系是说，切削软钢的速度比切削硬钢快 100 倍。我们就所有因素，给出了相应的比例，展现了分析问题的全面性。在过去，实际上每个技工都是在开始工作后才决定开动机器的最佳速度和最佳吃刀量的。

（A）要切削金属的质量，即它的硬度或其他影响切削速度的特性。按比例，中等硬度钢或冷铸钢为 1，很软的低碳钢为 100。

（B）用来制作工具的钢的化学成分以及对工具所做的热处理。按比例，用中碳钢制作的工具为 1，用最高速钢制作的工具为 7。

（C）刨削的厚度或工具切削金属时所产生刨花条（板）的厚度。按比例，刨起厚度 3/16 英寸时为 1，刨起厚度为 1/64 英寸时为 3.5。

（D）切削好的工具边沿的外形或轮廓。按比例，线型工具为 1，阔嘴切割工具为 6。

（E）在使用工具时是否完全浸用水流或其他冷却剂。按比例，完全不使用为 1，充分使用为 1.14。

（F）切割深度。按比例，切割深度半英寸时为 1，切割深度 1/8 英寸时为 1.36。

（G）切割持续时间，也就是在重新研磨前，某种工具处于刨切压力下的持续时间。按比例，当工具每隔半小时研磨一次时为 1，每隔 20 分钟研磨一次时为 1.20。

（H）工具唇缘之间的角度。按比例，唇缘张角 68° 时为 1，唇缘张角 61° 时为 1.023。

（I）发生振动而造成的工件和工具的伸缩。按比例，振动的工具为 1，运转平稳的工具为 1.15。

（J）要切割的铸件或锻件的直径。

（K）切削或刨削时在工具切割面上所产生的压力。

（L）机器的拉力、速度和吃刀量。

为了调查影响金属切割速度的这 12 个变量，竟要耗时 16 年之久，这在许多人看来简直有些荒唐。但那些有亲身经验的实验人员会认识到，问题的主要困难在于，研究过程涉及太多的可变因素。困难还在于，为研究第 12 个变量，在实验过程中保持其余 11 个变量不变要耗费大量时间。要知道，保持 11 个变量不变，这件事本身就比研究第 12 个变量困难得多。

就这样，我们逐个分析了影响切割速度的每个变量。为能够把这些知识应用到实际中去，有必要构建一个数学公式，以简明的形式表达已发现的规律。下面给出所构建的 12 个公式中的 3 个。

$$P = 45\,000 D^{\frac{14}{15}} F^{\frac{3}{4}}$$

$$V = \frac{90}{T^{\frac{1}{80}}}$$

$$V = \frac{11.9}{F^{0.665}\left(\dfrac{48}{3}D\right)^{0.2373+\frac{2.4}{18+24D}}}$$

在发现了这些规律，并确定了以数学方法表达的公式之后，仍然存在艰巨的任务，那就是如何尽快地解决这些复杂的数学问题，以便能把这些知识应用于日常实际工作。如果一位优秀的数学家面临这些公式，试图求解正确的答案（即找到正确的正常工作情况下的切割速度和吃刀量），那么，他解决单独一个问题就要花费 2～6 个小时。在绝大多数情况下，比起工人在机器上所从事的全部工作来，解决数学问题所需的时间要长得多。因此，我们面临一个十分重要的任务，就是要找到能够迅速解决问题的方法。我经常把涉及全部因素的数学问题一个接一个地呈给国内著名的数学家。谁要是能找到一个快速、实用的解法，就可以支付给他不计多少而只要合理的报酬。有些人只是瞟了一眼这些数学问题，有些人则出于礼貌，把问题在手头上保留了两三个星期，但他们几乎给了我们同样的答案：在许多情况下，要解决同时包含4个变量的数学问题是有可能的；在某些情况下，包含5个或6个变量的数学问题也可以解决；但是，要解决一个包含12个变量的问题，无论用什么方法显然都是不可能的，除非采用耗时的"反复试验"方法。

尽管数学家给我们的打击多于鼓励，但是，此问题的快速解法对工厂的日常工作来说太重要了。所以，在长达15年的时间中，我们花费了大量精力，不定期地尝试找到解决这一问题的简捷方法。在不同时期，均有四五个人全身心地投入这项工作之中。最后，当我们在伯利恒钢铁公司的时候，终于设计出计算尺。对此，我们在题为《论金属切割工艺》的论文的第11节中做了阐述。而在卡尔·G. 巴思先生向美国机械工程师协会提交的题为《作为泰勒管理体系一部分的为机械厂设计的计算尺》的文章中有更详尽的阐述（参见《美国机械工程师学报》，第25卷）。使用这个计算尺，任何优秀的技工，即使他不懂数学，都能在不到半分钟的时间内，使某一复杂问题得到解决。这样，我们就把多年来在金属切割工艺上进行实验所得到的结果应用到了实际。

这就是一个最好的例证，对复杂的科学数据总能找到某些可以应用到日常实际的方法，尽管这些数据看起来似乎超出了普通操作工人技术培训的经验和范围。这种计算尺已在没有任何数学知识背景的技工的日常工作中使用了很多年。

简单地看一下本书那些表达金属切割规律的数学公式，就可以明白为什么任何技工如果只凭个人经验而不求助于这些规律，即使他重复很多次地制作同一种部件，仍然不可能正确地回答以下两个问题：

- 应该采用什么速度？
- 吃刀量是多少？

回到上述技工的例子。他一次又一次地加工同一种部件，长达 10～20 年。在他加工每一个这种部件时，就他所了解的上百种可供使用的方法中，有那么一丁点儿机会，他碰巧选中了一个最好的方法。值得注意的是，所有机械厂的金属切割机器的速度都是由操作者根据推测来确定的，他们并不具备通过研究金属切割工艺所获得的知识。正因为这样，在经我们系统化变革的机械厂里，在上百台机器中找不到一台机器，它的操作者凭经验为这台机器确定了接近合理的切割速度。技工为了和金属切割的科学竞争，在找到合理的速度之前，首先在他们的机器的中间轴上加上新的推动滑轮。在很多情况下，还改进了他们的工具形状和制作方法，等等。但是，尽管工人知道该做什么，但许多这样的改进并不是他们力所能及的。

技工在"重复工作"中根据单凭经验的做法取得的某些知识，实际上远不足以与金属切割的科学相提并论。如果这个道理成立的话，那么，以下事实就显而易见了：让高级技工日复一日地凭他的经验从事"各种各样"的工作，就更无法和这样的科学去竞争了。为了以最快的速度完成每项工作，高级技工每天要做各种各样的工作，他除需要有关金属切割的丰富知识外，还需要有关如何以最快的方法做各种手工的丰富知识和经验。读者也许还记得吉尔布雷斯先生通过对砌砖动作和工时研究而取得的成果，会认识到在每个手工作业工人面前都存在一种巨大的可能性，即在科学（来自动作和时间研究）的帮助下，他能以更快的速度去完成一切手工作业。

　　将近 30 年过去了，与机械厂的管理者有联系的从事工时研究的人，把他们的全部精力都花费在了研究科学的动作上。他们对与机械加工有关的所有因素均用秒表进行精确的记录，并对之进行研究。作为管理者的一部分，且与工人协作的老师，既掌握了金属切割的科学，又掌握了和这种工作有关的同样精确的动作和时间研究中发现的科学。此时，就不难认识到，为什么即使是高级技工，如果他没有老师的帮助，也无法最好地完成任务。如果读者已经弄明白了这个道理，那么撰写本书的一个重要目的就算实现了。

　　希望已给出的实例能够说明，为什么比起"积极性加激励"的管理来，在所有情况下，科学管理必定会为公司和其雇员带来压倒性的、更为巨大的成就。读者同样应该弄明白的是，这些成果的取得，并不是由于一种类型的管理机制比另一种类型的管理机制更优越，而是以一套根本原则替代了另一套完全不同的原则。在工业管理中，则是以一种管理思想代替了另一种管理思想。

　　回顾一下所有这些实例，可以看出所取得的成果与以下几个方面有关：①科学方法替代了工人的主观判断；②不是由工人自己随意去选择操作方法和进行自我培训，而是对每个工人进行研究、教育和培训，他们是在实验后被科学地选择并培养出来的；③管理者和工人密切协作，两者共同按照已形成的科学规律开展工作，而不是由各个工人去解决每个问题（采用新的原则，不再像过去单靠每个工人的个人努力；在每天所要完成的任务方面，管理者和工人承担几乎均等的责任；管理者负责完成最适宜他们完成的工作，余下的则由工人去完成）。

撰写本书，目的就在于说明上述基本原理。我们会进一步阐述它的一般原则所涉及的某些因素。

发展一门科学，听起来似乎是一项令人望而生畏的任务。事实上，要对金属切割这样的科学进行详细的研究，也必然需要多年的心血。当然，从金属切割科学的复杂性和发展这门科学所需的时间看，机械工艺的确是一个具有典型意义的例子。然而，即使在这门十分复杂的科学中，仅仅研究几个月，便可获得足够的知识，所得比为实验工作所付出的代价要多得多。实际上，在机械工艺所有科学的发展上，情况均是如此。研究金属切割而初次形成的规律可能是笼统的，只包含了整个科学的一部分知识，但这部分不完整的知识比起原来全然缺乏确切情报或单凭经验的十分不完整的做法，则要优越得多——它们可使工人在管理者的协助下多快好省地完成工作。

例如，无须花费太长时间就可找出一两种工具，尽管其比起后来将要改进的这类工具来，并不那么完善，但比起通常所用的其他一切类型的工具，还是优越的。这些工具被作为标准工具使用，使用这些工具，可立即提高每个工人的工作速度。在一个比较短的时间里，这些工具可能就会被后续的工具所替代。照此，以前的工具依次为更为先进的工具所取代。⊖

在绝大多数机械工艺中存在的科学，无论如何要比金属切割的科学简单得多。事实上，在几乎所有情况下，已形成的规律十分简单，一般人甚至很少会将其称为一门科学。在绝大多数行业中，选择工人正在进行的他们各自的一小部分

⊖　参加机械工艺的实验者发现他们时常会面对这样的问题：是把所获得的知识立即付诸实践呢，还是等到结论明确以后再说呢？事实上，他们很明确的是，他们已经获得了某些肯定的进展，但仍有进一步改进的可能性（甚至必然性）。当然，必须独立地思考每一种特殊的情况，但从我们已经得到的一般结论中可知道，在绝大多数情况下，把一个人的结论尽快地在实际中进行严格的实验是明智的。当然，这一实验所不可缺少的条件是，实验者应有充分的时间和足够的职权，这样其才能进行完整而又客观的实验。可是，因为普遍存在的钟情过去的偏见，以及对时兴所持的怀疑态度，上述条件又是难以实现的。

工作，通过简单的分析和时间测定便可形成这门科学。进行这项工作时，通常只要一个人，他配备一块秒表和一本有相应栏目的记录本。现在，数百名"时间研究"人员从事着发展这门科学的基础知识的工作。之前，他们则完全单凭经验行事。吉尔布雷斯先生对砌砖动作的分析，比起其他从事工时研究的人所做的调查研究来，要细致得多。

要发展这一简单的科学，一般地，可采取以下步骤。

第一，找 10～15 个不同的人（最好来自国内各个行业、各个企业），这些人对所要分析的工作而言具有特殊的专长。

第二，研究其中每个人在完成所要分析的工作时所采用的基本操作或动作的确切顺序，以及他所使用的工具。

第三，用秒表测算这些人做这些基本动作时，每一步所需要的时间，进而确定他们用最快的速度完成这项工作时，动作的组成部分。

第四，消除一切虚假的、慢的和无用的动作。

第五，在消除一切不必要的动作后，把最快的动作和最合适的工具汇集成一个序列。

然后，就用这种包含了最快和最合适动作的新方法取代以前使用 10～15 年的较落后的方法。这种最先进的方法就成了标准，在一段时间内，把这种最先进的方法作为标准。老师（或职能领班）首先要掌握它，然后传授给企业里的每个工人，直到有一系列更快更好的动作取代它为止。这样，通过这种简单方法就可建立一个又一个科学管理原则。

用同样的方法，可对一个行业所使用的每种工具进行分析。在"积极性加激励"的制度下，管理者的管理思路是号召每个工人运用其最佳判断力，做到多快好省地完成工作任务。这样，在所有情况下，为了达到各自的目的，就形成了形式和种类繁多的工具。首先，管理者采用凭经验办事的方法对同一工具进行各种改进，逐个详细分析；然后，在分析了每种工具所能达到的速度后，把若干工具的优点集中于一件工具上。使用这件工具，工人工作起来更快，更自如。于是，这件工具就作为标准得到推广使用，以取代以前所使用的多种别的工具。这一工具将作为标准由工人一直使用下去，直至经由动作和时间研究证明另一件工具比它更先进。

从上述说明可以看出，在绝大多数情况下，形成一门科学以代替单凭经验行事的方法，并不特别困难，就是那些未经过系统的科学培训的普通人也能完成。但是，要想使这类哪怕是最简单的改进取得成功，就必须进行记录、建立制度和协作。

读者应该对本书几次提到过的另一类科学研究给予特别关注，即详细研究影响人们动机的因素。初看起来，这似乎只是由个人去观察和判断的事情，并不是一个要进行精确科学实验的主题。确实，用以实验的人是非常复杂的生物体，所以，从这一类实验中所得到的规律将比从物理实验中所得到的规律有更多的例外情况。但是，这些对绝大多数人都适用的规律无疑是存在的。如果能够给以明确的说明，那么在与人打交道时，这些规律就将是十分有价值的指南。在发展这些规律时，我们曾进行了长达数年的精确计划和实验。在这一方面所做的实验与本书提到的在其他几个方面所进行的实验，在总的方法上是相似的。

这些规律最重要之处，就其和科学管理的关系而言，恐怕要算任务观念在工人工作效率上所产生的影响。事实上，其成了科学管理机制的一个重要因素。对许多人来说，科学管理便是"任务管理"。

任务观念绝对不是什么新鲜事物。我们都记得，就我们各自的情况而言，在学生时代，这个观念运用起来就有了良好的效果。讲效率的老师不会给班上的学生上一堂没完没了的课。对每个学生，老师每天都会布置具体、明确的作业，并向学生讲清楚，他们在课堂上只能学这么多。也只有这样，学生才能取得循序渐进的进步。如果不布置作业，只是要学生在课堂上尽可能多地掌握知识，那么一般学生的进步将是十分缓慢的。我们都是从孩提时代长大的，自然会承认这样的事实：每天应给普通工人一项具体的工作任务，他应在规定的时间内完成，此乃良好工人一天的工作任务。这样，就他自己和其雇主来说，这个普通工人才会以最大的努力去工作。这就给工人提供了一个明确的标准。有了这个标准，他便可以随时掌握工作进度。完成了任务，便会给他带来最大的满足。

我在其他文章里曾论及对工人所进行的一系列实验。结果证明了这样的事实，即不可通过无限制地延长劳动时间的办法来让工人更快地工作，除非他们确信工资会得到大幅度和持久的增长。这一系列的实验还证实，可以找到很多愿意以最快速度工作的工人，只要他们的工资能够得到大幅增长。当然，必须向工人保证工资的这种超过平均数的增长是持久的。我们的实验表明，要使一个工人以最快的速度工作，工资的增长比率随工人所从事具体工作的不同而不同。

这样，每天给工人布置一项工作任务，如果要求其以最快的速度工作，那么，只要他们出色地完成了任务，就应当保证给予其合理的高工资。这是绝对必要的。这不仅包括给每个工人以工作定额，还包括只要他在规定的时间内完成了任务，就付给他一大笔奖金。除非有人在同一工人身上先试试老办法，再试试新办法，否则就难以评价上述两个因素的合理效用——难以评价在使工人把工作效率提至最高标准的过程中（并把他的效率保持在高标准上）会有什么帮助。此外，除非看到了对在许多不同工种中工作的不同等级的工人实行过类似的精确的实验，否则人们不能认识到任务和奖金这两个因素的正确运用可带来显著的和几乎相同的良好效果。

任务和奖金这两个因素（在前面的文字中已有所述，能够以不同方式来使用）构成了科学管理机制的两个最重要因素。事实说明，这两个因素特别重要。因为它们本身的核心地位，在整个科学管理机制上，它们要先于其他因素得到应用。其他因素，如计划部门、精确的时间分析、方法和工具的标准化、一套日常工作制度、培训职能领班或老师，在许多情况下还有指示卡片、计算尺等，将在下面论述。

　　系统地培训工人，使其按最高速度工作的必要性，本书已提到若干次。看来有必要更详尽地阐明如何来进行这种培训。在现代科学管理制度下，管理一个机械厂时，有关如何以最好的方法去完成每项工作的书面指示，是由计划部门的人员事先做出的。这些指示代表着计划室若干人的协同工作，每个人都有他自己的专业或职责。例如，第一个人是工作速度和切割工具使用方面的专家，他可以借助前述的计算尺来确定合理的工作速度；第二个人的特长是分析工人如何以最快的速度和最佳动作来操作机器或调整加工部件；第三个人通过所积累的工时分析记录，制定一份作业时间表，列出加工时每个步骤的正确速度。计划部门所有人员的指示都填写在同一张卡片上。

　　计划人员必须在工作中不断使用记录和数据，所以，他们的大部分时间必然要花费在计划室内。此外，为了排除外界的干扰，他们需要一张办公桌。同时，人的本性使然，如果对工人放任自流，他们就不会去关心那些书面指示，因此，必须配备一些老师（或称职能领班）去接触工人，让他们不但懂得，而且能够按照这些书面指示去工作。

　　在这种职能管理制度下，原来制度下的单个领班由 8 个不同职能的负责人所替代。这 8 个人都有各自的任务。作为计划部门（参见《工厂管理》一文第 234 段至第 245 段）的代表，他们是专业老师，长期在工厂里工作，对工人进行帮助指导。他们每个人是根据所拥有的知识和个人专业挑选出来的，所以他们不但能告诉工人该怎样工作，而且在必要时还能在工人面前自己动手操作，以向工人示范如何才能既快又好地完成工作。

在这些老师中，第一位老师是质量检验员，他懂得如何绘制图纸和制定工作指令。他教会工人怎样才能生产出合乎质量要求的产品；指导工人怎样才能做到该精细的要精细，不必精细的就粗放些、做快些。这个人与其他人一样，对成功完成任务起着重要作用。第二位老师是工段长，他负责教会工人如何把加工任务安排到机器上，并教会工人如何才能使动作最快、最好。第三位老师是技术员，他负责保证机器以最佳的速度运转，将合适的工具用在特定的用途上。这样，机器就能在最短的时间内完成所要加工的任务。除了从上述这些老师处获得帮助，工人还从其他四种人员那里得到指令和帮助。这四种人分别是"维修工长"（负责对机器、皮带等进行调整、清扫和一般维护）、"核算员"（负责与工资有关的事宜，并出具书面报告和报表）、"工艺员"（负责向工人发布工作指令，并指示工人从一项工作转移到另一项工作）和"纪律检查员"（负责当工人和其任何上级发生纠纷时，对事项进行调查）。

当然，并不需要专业管理员对从事同一工种的所有工人给予同样的个别教育和照顾。比起长期从事同一工种的工人来，那些新来的从事这一工种的工人自然需要更多的指导和照顾。

经过这些指导和细致的培训后，为工人安排工作自然就变得十分顺利和方便了。但同时，这会给人一种错觉：所有这些都倾向于把工人变成一个个像机器一样工作的人，一个个呆板的人！正像刚开始在这种制度下工作的工人常说的那样："怎么，没有谁指示我或让我去做，我连想一下或动一下都不行？！"所有其他现代化的专业分工，也会引起同样的批评和抵制。例如，现代外科大夫比起本国早期的移民（拓荒者）来，并不见得是更呆板的人，并不见得生活得更"狭窄"。拓荒者不仅应是一名外科大夫，还应是一名建筑师、盖房子的工人、伐木工、农民、士兵和医生。他会用枪杆子去解决法律案件。这样，你就不会说现代外科大夫的生活更

"狭窄"，或者说他比起拓荒者来，是一个更呆板的人。许多外科大夫所遇到的和需要解决的问题，就像拓荒者在发展和开拓的道路上遇到的问题一样，具有同样的复杂性和艰巨性。

应该记住，在形式上，对外科大夫进行培训几乎和在科学管理下教育和培训工人一样。在每一名外科大夫开始工作的早期，都有更有经验的人对其进行最严格的监督，并在工作的每一个细节教会他如何才能做得最出色。他们给他提供最好的工具（每一件都是经过特殊研究而制成的），而且他们要求他坚持以最好的方法去使用每一件工具。所有这些教育绝不会使他的眼界更狭窄。正相反，他很快就掌握了他的前辈所拥有的最先进知识。之后，前辈便提供给他标准的工具和方法——代表了当今世界上最先进的知识。此后，他就能运用自己的独创和智慧为世界知识宝库增添新的财产，而不是去重复地制造一些陈旧的东西。同样，在现代科学管理制度下，与众多老师协作的工人会得到发展机会——这比起全部问题都由工人自己解决，而得不到任何帮助的工作方式来，效果至少一样好，且在一般情况下，效果会更好。

　　设想一下，工人不需要经过这种教育，也不需要形成于各自工作的规律的帮助，就可发展成为最优秀的工人。如果这是事实的话，那么随之而来的道理是，现在大学里就数学、物理、化学、拉丁语、希腊语等方面求教于老师的年轻人，就可以不需要帮助，通过自学就能把这些知识学得更好。两种情况的唯一区别在于，学生必须到他们老师那里去，而由于科学管理之下工人工作的特殊性质，老师必须到工人中间去。通过势必发展的科学的帮助和老师的教导，必然结果是，每个智力一定的工人，比起他以前的工作来，会干得更好些，且他对工作更有兴趣。此外，他会更有前途，收益也更多。也许，那些先前除了铲运、运送垃圾或把物料从工厂的一个地方搬运到另一个地方外，什么也干不了的工人，经过指导，在许多情况下，可以从事较初级的机加工作业了。随之而来的变化是舒适的劳动环境、更有趣的工作、更高的工资。低级别技工或助手，以前也许只能操作一台钻床，而这时就可以让他们去从事更复杂、技术含量更高的车工和刨工作业了。至于非常熟练和更聪明的技工，他们甚至可以成为职能领班或老师。就这样，工人得到了逐步的发展和提升。

　　比起过去的管理方式，在科学管理制度下，在发挥聪明才智设想出新的更好的工作方法以及改进工具方面，工人似乎缺乏积极性。事实是，在科学管理下，工人在日常操作时，不允许随便使用自认为合适的工具和办法。但是，工人提出改进建议时，不管是对方法，还是对工具，都应当给予其各种形式的鼓励。对工人的建议，管理者应对其进行详细分析，如有必要还要进行一系列的实验，以准确地比较判断建议相对于原来方法的优越之处。一旦发现新方法比老方法明显优越，就把它作为全行业的标准。对提出建议的工人，应给予足够的荣誉。因其发挥了聪明才智，还应发给他一笔现金作为奖励。这样，在科学管理制度下，工人的积极性比起原来的个别管理方式来，会得到更好的发挥。

科学管理发展至今，已向我们发出警告：一定不要误解这一机制的实质和基本原理。同样的管理机制，在一种情况下会产生灾难性的后果，而在另一种情况下，又可带来最大的收益。同样的管理机制，当服务于科学管理的基本原理时，会带来最佳结果，但如果掺入了应用它的人的错误思想时，就会导致失败和灾难。数百人就误解了这一管理制度的本质。甘特、巴思先生等人和我曾就科学管理问题向美国机械工程师协会提交了论文。在这些论文中，我们以相当的篇幅阐述了所运用的机制。这种机制的要素可列举如下。

- 时间分析，以及正确完成分析所使用的工具和方法。
- 比原来的单个领班更为优越的职能或专业领班制。
- 某一行业中所使用的一切工具以及工人工作的每一动作的标准化。
- 合乎需要的计划室或部门。
- 管理的"例外原则"。
- 计算尺或类似的用以节约时间的工具的应用。
- 为工人制作的指示卡。
- 管理者的任务观念，如工人出色完成任务就发给他一大笔奖金。
- "差别工资制"。
- 为工业产品的分类和制造过程所使用的工具而建立的档案。
- 日常工作制度。
- 现代成本管理制度。
- ……

以上这些，仅仅是这种管理机制的要素或具体要求。科学管理，就其实质而言，包含一定的管理思想。如前所述，即科学管理的四个基本组成要素⊖。

当然，如果在应用这个机制的诸如时间研究、职能领班等要素时，没有真正体现管理思想，那么，在许多情况下，后果是灾难性的。不幸的是，即使是非常赞成科学管理原理的人，如果其忽视那些有多年改革经验的人的警告，匆忙地把过去的管理方法改为新的管理方法，那么，就会遇到一连串的麻烦，有时甚至可能引起罢工，并最后以失败告终。

在我的另一篇论文《工厂管理》中，我曾指出，要特别注意的是，在试图很快地把原来的管理制度变革为新的管理制度时，管理者要冒一定的风险。但在许多情况下，这种警告并未引起注意。需要实际开展的变革有以下几个方面：实行工时研究，对与工作有关的一切工具进行标准化，对每台机器进行单独研究，并使之达到完好状态，等等。对工作中这些因素所做的改进实施得越早，达到的效果越好。此外，将"积极性加激励"的管理改为科学管理时涉及一个真正的问题，即所有管理者（包括工人）的精神状态和习惯的彻底

⊖ 第一，形成一门真正的科学；第二，科学地选择工人；第三，对工人进行教育和培养；第四，管理者与工人之间亲密友好地合作。

改变。这种改变只能缓慢地进行，需要对工人进行直观教学。只有在工人接受了教育后，才能充分说服他，使他相信在工作中，比起原来的管理方法，新的管理方法更具优越性。工人状态的这种改变需要一定的时间，不能超过一定速度地一味求快。我曾反复警告那些人，即使在一个工种简单的企业里，实现这种变革也需要两三年的时间，在某种情况下，甚至需要四五年的时间。

最初影响到工人的一些变革，应十分缓慢地推进。开始时，每次只能与一个工人打交道，直到这个工人充分相信，运用新的方法有了较大收获，否则，就不应进行下一步的变革。就这样，一个接一个巧妙地"轮换"工人，当企业的 1/4～1/3 的工人已从原来的方法改变为新的方法时，就达到了一个转折点。此时，这种变革的速度就可加快了。因为在这个时候，整个企业的认识会出现彻底的改变。而且，那些仍在原来制度下工作的所有工人都会期望去分享他们看得见的在新制度下工作的工人所取得的成果。

我本人已经从推进这种管理制度的工作（指一切有相应报酬的工作）上退了下来，所以，我会毫不犹豫地强调这样的事实：那些能得到专家服务的企业，实在是幸运。这些专家在推进科学管理时具有必需的实际经验，他们对科学管理有专门的研究。相反，一般人，哪怕他是一位企业的经理，也是不足以承担这项变革任务的。这样的改革，要由指导过如何一步步地从原来的管理变革到新的管理的人来实施（在工种复杂的企业里更是如此），他必须具有能克服各种困难的个人经验——这些困难经常会产生，在过渡期更是如此。由于这个原因，我希望在我有生之年，主要帮助那些愿意把这项工作当作自己职业的人。对一般企业的经理和老板，我就他们为实现这种变革应采取哪些步骤给出建议。

作为对那些考虑采取科学管理的人的一种警告，我给出以下实例。有几个人，当他们在变革如何不招致罢工，如何不影响经营效果等方面缺乏足够经验时，就试图在一家颇为复杂的雇用了三四千个工人的企业里搞变革，仓促地尝试把"积极性加激励"的管理变革为科学管理，急急忙忙地想增加产量。在这样的企业里，要推行这种变革，他们不仅必须有非凡的能力，还要有热心肠，即这些人必须真正把工人们的利益放在心里。在变革开始前，我便警告过他们，这种改革必须十分缓慢地推进（像这样的企业，少于 3 年甚至 5 年是完不成的），可他们完全置这种警告于不顾。显然，他们认为，只要充分应用科学管理的机制，结合着"积极性加激励"的管理原则，而不是科学管理原则，他们就可在一两年内，完成过去至少需要加倍时间才能完成的事。例如，精确的工时研究是一种强大的工具，在许多情况下，可以用来增进工人和管理者之间的协调程度，便于管理者逐步地教育、培训和引导工人用新的更好的方法去工作。或者在另一些情况下，它多少可以起到指挥棒的作用，促使工人每天完成更多的任务，却不增加工资。不幸的是，负责这项工作的这些人，并没有付出所需的时间和艰辛，没有培养以后能够领导和教育工人的领班或老师。他们试图通过原来的领班制度，以"新式武器"（精确的工时研究），违反工人的意愿，驱赶工人去更艰苦地工作，却不增加多少工资。他们没有逐步教育和引导工人采用新的方法，也没有通过直观教学的方式去说服工人，使他们知道，科学管理虽然意味着工人多少要更艰苦地工作，但也意味着可带来更多的财富。所有无视这种根本原则的行为所产生的结果就是一系列罢工，随之而来的是试图实施这种变革的人身败名裂，整个企业的处境比没有采取变革措施时更糟糕。

　　这个实例是滥用新的管理机制而忽视其本质的活教材，

是全然不顾过去的经验而试图缩短必需的实施时间的活教材。应该强调的是，从事这种工作的人都是积极能干的，失败并不是由于他们缺乏能力，而是由于他们从事的是一种不可能办到的事情。这些个别的人不会再犯同样的错误，但愿他们的教训能成为对其他人的一种警示。

无论如何，这样的表述是恰当的：在我们推广科学管理工作的 30 年间，那些按照科学管理原则办事的工厂不曾发生一次罢工，即使在从过时的制度向新的制度过渡的危险时期也不曾发生罢工。在这种工作上有过经验教训的人，如果采用正确的工作方法，便不会再遇罢工或其他麻烦。

我坚持认为，在一家工作技术含量高的企业中，除非领导充分理解并相信科学管理的基本原则，除非他们意识到实施科学管理变革所涉及的一切因素有什么，特别是所需要的时间，除非他们迫切需要科学管理，否则，这些企业的领导就不要尝试从过去的管理制度变革到新的管理制度。

无疑，那些特别关心工人利益的人会抱怨，在科学管理制度下，相比以前，工人付出了双份努力，但是他们的工资并没有成倍增加；关心企业利润多于关心工人的人却在抱怨，在这一管理制度下，工人比以前得到了太多的工资。

单从这一泛泛的陈述看，结果确实显得极不公平。例如，经过培训，能干的生铁搬运工的搬运量是不称职的工人搬运量的 3.6 倍，但是只得到了 60% 的额外工资。

可是，在所有因素都考虑进去之前，就对此下最终的结论也是不公正的。只需看一眼就会明白，这里涉及两个利益方：工人和管理者。让我们再看远一点，关注一下第三个利益方，即作为消费者的全体人民。他们购买前两个利益方的产品并最终支付工人的工资和管理者的利润。

这些人的利益比管理者或工人的利益要重要得多。此第三方理应从全部收益中得到其合理的份额。事实上，看一下工业发展史就会发现，到最后，总是全体人民从工业进步中得到了更多的利益。例如，数百年来，使产出增加从而实现文明世界繁荣昌盛的最突出因素，是使用机器代替手工劳动。无疑，通过这些变革，作为消费者的全体人民得到了最多的利益。短时期内，特别是在专利发明这种情况下，那些发明了新机器的人得到了极大的收益。尽管在多数情况下，工人实实在在地得到了更高的工资、工作时间的缩短以及工作条件的改善，可最大的收益还是落到了全体人民的头上。

正如使用机器带来的影响一样，采用科学管理带来的影响也符合这一规律。

让我们回到生铁搬运工的例子。我们要认识到，产出大幅增加所带来的大部分利益，最终以更便宜的生铁这种方式由全体人民得到。我们要决定如何在工人和管理者之间求得利益平衡，即如何才能保持公正和公平——工人得到了补偿，剩下的留作公司利润。在做出这样的决定之前，必须把问题考虑全面。

第一，正如我们之前提到的那样，生铁搬运工不是什么稀有人种，不难找到。他只不过是体魄健壮、或多或少像"公牛"一样的工人。

第二，在科学管理下，这个人所做的工作并不使他疲劳，就像任何健康的正常劳动者一天正常的工作并不使他感到疲劳一样。（如果这个工人由于工作而过度疲劳，那么所规定的任务一定是错误的，这与科学管理的目标相去甚远。）

第三，这个工人尽其努力完成一天最大的工作任务。其原因不是他的积极性与创新意识得到了激发，而是他通过培训掌握了别人提出的生铁搬运科学。

第四，对同等级别（考虑综合能力）的工人，如果每个人都尽其最大努力，那么就应该支付他们同样的工资。这是公正的、公平的。例如，如果支付这个工人的工资是其他同等级、付出同样诚实劳动的工人的 3.6 倍，那么，对其他劳动者来说，就是非常不公平的。

第五，正如前面所解释的那样，工人所得到的额外的 60% 工资，不是来自工长或监工的武断决定，而是来自长时期、系统、客观实验的结果。通过这些实验，确定了合理的补偿，且考虑了工人真正的和最大的利益及其他全部因素。因此，我们应该明白，为生铁搬运工提高 60% 的工资，不是出于一种怜悯，而是对其所取得成就的恭贺。

总之，在多数情况下，事实胜于说教和理论。最突出的事实是，那些 30 年来在这一管理制度下工作的工人因收入得到提高而变得非常满足，他们的管理者因利润的增加也变得满意。

包括我在内的很多人认为，在确凿的事实面前，越来越多的第三方（即全体人民）将坚信他们会得到公平待遇。这就成为管理者和工人发挥最大效率的原动力。从而，我们再也不能容忍这样的管理者：只会盯着企业利润，拒绝承担全部工作职责；只会对工人抽鞭子，并试图付低工资却让工人干更繁重的劳动。而且，我们再也不能容忍就工作所提出的苛刻要求：工资越来越高、工作时间越来越短、对提高工作效率的关注越来越少。

正确的方法只能是科学管理。我坚信，实行这一方法，首先，将带来管理者和工人效率的提高；其次，将可合理分配经过双方共同努力实现的利润。而且，这一管理方法的唯一目标在于保证全体人民（第三方）的利益。关于这一问题，要进行公正、全面和科学的调查。

工人可能会憎恨对其基于经验的方法做出的任何改进；管理者可能会对要承担新的职责而愤恨。不过，"开明"的已经形成共识的启迪，会促进管理者和工人接受新的管理方法。

无疑，前述一切并没有什么过去人们所不知道的新鲜事，这的确是事实。科学管理并不一定就是什么大发明，也不是发现了什么新鲜或惊人的事。科学管理是过去就存在的各种要素的"集成"，即把原来的知识收集起来，加以分析、组合并归类成规律和规则，从而形成一门科学。通过实行科学管理，工人和管理者彼此和睦相处，在对待各自职责方面，精神面貌上都有了彻底改变，两者之间的职责有了新的分工，其亲密无间、友善协作的程度，在过去的管理制度下是不能达到的。这一切，如果没有逐步形成的新的管理机制作为支持，在许多情况下都是不可能实现的。

正是各个要素的集成，而非个别要素，构成了科学管理，可概括如下。

- 科学，而不是单凭经验的方法。
- 协调，而不是分歧。
- 合作，而不是个人主义。
- 最大的产出，而不是有限制的产出。
- 实现每个人的劳动生产率最大化、财富最大化，而不是贫困。

我想要再次强调的是："对这样的人来说，时间过得飞快，他独立地在没有得到周围其他人帮助的情况下取得了重大个人成就。而对另外一种人来说，其重大成就是在长时期与很多人的协作下取得的。他们各自承担起自己的职责，每个人都保持其个性，在自己的专业方面是权威。同时，他们保持了创新意识和个人积极性，保证与其他人密切协作。"

上述在新管理制度下实现产出增加的实例具有充分的代表性，绝不是特殊或例外情况，它们是从现有的上千个类似实例中选出的。

现在，让我们考察一下，应用科学管理原理所能得到的好处。

总的说来，它将为全世界带来最大的收益。

比起过去若干代人来，现在这一代人取得了极大的物质利益。事实是：现在的普通人付出一定的努力就可比过去一般人多生产2倍、3倍甚至4倍的对人类有价值的东西。当然，个人努力所带来的生产能力的增长，除了个人心灵手巧的原因外，还有许多别的原因。例如，蒸汽机和电器的发明与应用，大大小小的发明以及科学和教育的进步等。但是，不论生产能力的增长的原因有哪些，正是每个人所表现出来的更高的劳动生产率，使得"整个国家"拥有了更多的财富。

有些人担心每个人劳动生产率的大幅提高将导致其他人失业。这些人应该认识到，正是劳动生产率上的差异导致了文明与野蛮、富裕与贫穷之间的区别。在某个地区，一般人的劳动生产率可能是另一个地区的五六倍。例如，事实上，造成英国（也许是世界上最朝气蓬勃的国家）大量失业的主要原因是，比起别的国家，英国人的劳动生产率受到了更多的有意的限制。他们深受这一谬论的影响：竭尽全力工作不符合工人自身的利益。

实行科学管理，从事工业生产的工人很容易成倍地提高劳动生产率。想想看，这对整个国家意味着什么？工作时间缩短了，而人们所需要的生活必需品和奢侈品都实现了增长，教育、文化和娱乐的资源大大增加了，所有这些又意味着什么？当整个世界由于这种增长而受益时，企业和工人更关心的却是他们本身及其周围与他们直接有关的人所能得到的个别利益。对采用这一科学，特别是最先采用这一科学的人来说，实施科学管理就意味着消除了管理者和工人之间的一切分歧和矛盾。"什么是合理的工作日"，便属于科学研究要解决的问题，而不再是谈判和讨价还价的主题。"磨洋工"不存在了，因为"磨洋工"的目标已不复存在。实施这种管理模式，带来了工资的大幅增长，这就从根本上消除了因工资而引起的纠纷。更为突出的是，劳资双方的亲密协作和稳定的个人关系，使得双方的摩擦和不满减少了。利益一致、为完成共同目标而整天并肩工作的劳资双方就不再发生争吵。

产量的成倍增长，带来了生产成本的下降。这就使采用这一管理模式的公司（特别是那些首先采用的公司）比起以前，更具竞争力。其市场得以扩大，即使在淡季，也有稳定的工作，公司总能挣到更多的钱。

这意味着增加财富，减少贫穷。受益者不仅仅有这些公司的工人，还有与它们近邻的整个社区。

每个工人受到了系统的培训，这使其可达到最高的工作效率，这是产量大幅提高的原因之一。经过培训，工人可从事在过去管理模式下力所不能及、水平更高的工作。同时，在管理者和工作条件方面，他们得到了友善和良好的支持。而在以前，他们在大部分时间里遇到的是训斥和怀疑性的监视，有时，甚至还会陷于公开的斗争。从各个方面看，工人在这种制度下所能得到的一切直接收益，才是所有问题中最重要的因素。⊖

⊖ 我经常收到来信，对方要求我提供一份实施科学管理的公司的名单。向别人提供这样的名单十分不妥。如果提供了这样的名单，那些公司就会收到来信，而许多实施科学管理的公司都极为不愿回复这样的信件。当然，也有一些公司，愿意不厌其烦地回复这样的信件。

对那些特别关心科学管理的人，如果他们住在费城附近，我十分真诚地邀请他们到自己的家中，十分乐意把费城的一些公司中实施科学管理的细节告诉他们。我的大部分时间用在推行科学管理上，所以，我将把客人的来访看作他们的一种权利，而不是对我的打扰。

　　比起解决绝大多数现有的使英美两国人民不安的问题，实现上述目标不是更重要些吗？尽最大努力使整个社会认识到这些问题的重要性，不正是那些熟知这些事实的人的职责吗？

译者后记

"泰勒制"的生命力何在

最后一笔终于落下。此时，已是午夜时分。窗外一片寂静，可我睡意全无。想到多少个日夜聆听着大师的"教诲"，我开始思索这样一个问题：大师真的离我们而去了吗？"泰勒制"的生命力何在？

试着想一想，在那个艰苦的岁月，能出淤泥而不染，能毫不惧怕世俗之人的胁迫，他打算每天晚上仍从铁路旁的那条小道步行回家，不曾也不准备携带任何武器，他们可以向他开枪，将他打死。他只是为了一个目标——"实现永久的社会财富最大化"。

再想一想，与官样文章格格不入，扎扎实实，通过科学管理实现社会财富的最大化。那把神奇的计算尺仿佛就在眼前；那个体力像公牛一样的施密特仿佛就在眼前；那几个年轻的女工也仿佛就在眼前，她们先是窃窃私语："把工作时间缩短到 10 个小时，仍然可以得到原来工作 10.5 个小时所挣到的工资？"几个月以后，她们脸上绽开了灿烂的笑容："工作时间从原来的每天 10.5 个小时缩短到 8.5 个小时，周六还有半天的休息时间，而工资比原来高出 80%～100%！"这使得她们真正妩媚起来。

但又不敢想，中国仍然有为数众多的企业没有走出困境，仍然有企业家在空喊"三改一加强"，这是何等的不幸。如果泰勒先生在世，定将羞愧难当。我们为什么就不可以把科学管理原理的"科学用人、责权对等、工时研究"等原则真正应用到企业管理实践中呢？

我不由得想说：科学管理原理的思想、技术、方法无一不是我们企业制胜的法宝。

马凤才

北京科技大学管理学院

泰勒小传

（1856—1915）

弗雷德里克·泰勒于 1856 年出生在美国宾夕法尼亚州费城的一个律师家庭。由于家境富裕，泰勒在 18 岁前就游历了整个欧洲——这趟旅行整整花费了 3 年时间。返回费城后，通过哈佛大学入学考试的泰勒，因为视力太差而未能就学，转而进入当地一家液压机厂做学徒。学徒期满，22 岁的泰勒加入米德韦尔钢铁公司，并一路从机械工提升为车间管理员、技师、工长、总工程师。1883 年，泰勒在新泽西州斯蒂文斯理工学院获得机械工程学位（次年，甘特图的发明人亨利·甘特也从该学院毕业）。

在米德韦尔期间，泰勒开始奠定科学管理的理论基础。1889 年，泰勒离开米德韦尔，陆续担任了不少管理职务。1895 年，他的《计件工资制》发表。1898 年，泰勒来到伯利恒钢铁公司，开始他著名的改革。他同怀特一起革新的工艺流程，对金属切割技术进行了彻底的改革，从而使批量生产的出现成为可能。可惜，这些工作并没有完全得到世人的认可。1901 年，他被解雇了。

此后，泰勒开始了无偿的咨询工作，进行了一系列的演讲，撰写了很多管理文章。1903 年，他的《工厂管理》发表。1906 年，泰勒出任美国机械工程师协会主席。1911 年，管理史上的里程碑之作——《科学管理原理》发表，它标志着一个新的管理时代的到来。泰勒的影响日渐广泛，遍及全球。1914 年，泰勒在纽约的演讲吸引了 6.9 万名听众。1915 年，泰勒病逝于费城，终年 59 岁。在他的墓碑上，刻着"科学管理之父"。

泰勒兴趣广泛，精力充沛，一生发明颇多，仅获得的专利就超过 100 项。他甚至改革了棒球的规则，使投手由肩上而不是肩下投球。1881 年，他还赢得了美国网球赛的双打冠军。

泰勒既不吸烟也不喝酒，虽然为人严肃，但富有同情心。在实际工作中，他的正直和热忱赢得了工人的尊敬。他的同事曾评价："死人若能听到他的话，也会充满热情。"在泰勒的晚年和他去世后的岁月中，他的为人与工作曾遭到世人的误解，这对于为工人服务的泰勒来说，实在是颇为不公正的。

补注：令人感叹的是，中国在 1916 年便出版了《科学管理原理》的中文版，当时的译名为《工厂适用学理的管理法》，泰勒的名字则被译为"戴乐尔"。此书在出版后的 10 年中，只卖出了 800 册，但是到了 1928 年前后，销量突然猛增至三四千册，一时成为热点。此中文版的译者正是穆藕初（穆湘玥）——中国近代企业管理体制改革的先驱。

（初版《科学管理原理》的封面）